ÊTRE À L'ÉCOUTE DE VOS ANGES

DOREEN VIRTUE

Troisième édition

Éditions Exergue
27, rue des Grands-Augustins
75006 - Paris

ISBN : 978-2-911525-85-8

www.editions-tredaniel.com
info@guytredaniel.fr

TABLE DES MATIÈRES

INTRODUCTION

UN MOT SUR LE PRÉSENT OUVRAGE

À l'origine, j'avais écrit la plupart des textes du présent ouvrage pour *Messages de vos anges.* Cette œuvre se concentrait sur les messages transmis par le royaume des anges et comportait déjà à l'arrière-plan les conseils ou les directives qui se retrouvent dans les chapitres suivants. Mais j'ai toujours voulu en faire un livre distinct.

L'information contenue dans le présent ouvrage doit être lue par mes étudiants, qui se destinent à être praticiens en thérapie par les anges (*Angel Therapy Practitioner*®), dans le cadre de leur processus de certification. Elle résume plusieurs des étapes que nous suivons dans mes cours et dans certains de mes ateliers d'un jour.

J'ai une vision claire de l'avenir de notre monde, et elle est très positive. Je vois chaque être écouter les conseils pleins de tendresse de ses anges et devenir plus paisible, plus sain et plus heureux. En tant qu'ancienne psychothérapeute, j'ai compris que le fait de parler à nos anges gardiens constitue le chemin le plus rapide pour obtenir la paix intérieure et le bonheur. Leurs capacités de guérison surpassent toutes les méthodes de thérapie humaines que j'ai apprises au cours de ma formation universitaire et de mes expériences. Je prie pour que chacun prenne le temps d'écouter ses anges.

Depuis 1995, j'anime dans le monde entier des ateliers sur la communication avec les anges, la guérison avec les anges et l'écoute des anges. Le présent ouvrage est le fruit de mes expériences d'enseignement à des personnes de tous milieux et de tous âges. J'ai constaté que chacun peut entendre les anges, à condition, simplement, de faire confiance et de se dégager de ses doutes. Si vous utilisez les méthodes que je propose, vous pourrez parfaitement le faire.

Je suis avec vous en esprit à chaque étape du chemin !

Avec amour et la bénédiction des anges,
Doreen Virtue

Chapitre Un

Qui sont les anges ?

Le terme *ange* signifie « messager ». Les anges transmettent les messages de l'Esprit divin de notre Créateur. Ils sont des dons de Dieu, qui nous sont envoyés pour nous aider à nous souvenir de notre nature divine, à être pleins d'amour et de bonté, à découvrir et à développer nos talents, afin de rendre le monde meilleur, et nous mettre à l'abri du danger avant notre naissance. Ils nous guident également dans le domaine des relations, de la santé, de la carrière et même des finances.

Vos anges sont à vos côtés afin de mettre en œuvre le plan d'harmonie divin. Ils vous aident à trouver le calme, car chaque personne paisible conduit à un monde pacifique, à un monde en paix. Voilà pourquoi vos anges désirent vous aider à trouver la sérénité par tous les moyens possibles. Vous ne les dérangez pas ni ne leur faites perdre de temps en leur demandant de « petites choses ». Ils savent que de légères contrariétés entraînent souvent un stress considérable ; c'est pourquoi ils sont très heureux de vous aider à surmonter les obstacles qui entravent votre route.

Par ailleurs, même s'il est vrai que les difficultés nous font grandir, la paix, nous disent les anges, nous permet de décupler notre croissance. Grâce à la sérénité, notre emploi du temps et notre créativité sont davantage orientés vers le service et notre corps fonctionne plus sainement. Nos relations se développent bien et s'épanouissent, et nous devenons de parfaits exemples de l'amour de Dieu.

De temps à autre, je reçois une lettre de quelqu'un qui m'accuse d'adorer les anges. L'auteur de la lettre souligne le fait que nous ne devrions vénérer que *Dieu*.

Je réponds toujours de la même façon : avec amour. Nous commettons tous l'erreur de faire des suppositions au sujet d'une autre personne sans vérifier les faits. Quiconque a lu un de mes livres, écouté une de mes émissions ou participé à un de mes ateliers, sait que j'insiste sur le fait que toute la gloire revient à Dieu. Les anges ne souhaitent assurément pas être adorés. Et je ne suggère jamais que nous devrions le faire.

Cela dit, voici un simple rappel : Dieu est partout. Le Divin est en vous, en moi et bien évidemment dans tous les anges. Certains de mes auditeurs, qui éprouvent de la difficulté avec les religions établies, ne veulent pas entendre ces propos. Il se peut qu'une femme dont le père a abusé d'elle rejette toutes les figures paternelles, même Dieu. (Dieu est, bien entendu, une force androgyne, Il est à la fois notre mère et notre père spirituels, même si j'utilise le masculin pour éviter la lourdeur des constructions de phrase relatives aux deux genres.) Il est possible également qu'un homme ait eu maille à partir avec un membre d'une religion institutionnalisée ; par conséquent, il rejette tout ce qui s'apparente à la foi, même ses guides spirituels et ses anges. Il se peut aussi qu'une personne trouve le Divin illogique et qu'elle cesse alors de penser à quoi que ce soit de spirituel. Par ailleurs, quelqu'un peut se sentir coupable à cause de son mode de vie et craindre, en son for intérieur, que Dieu ne le « punisse » ; aussi tente-t-il de refouler toute conscience d'un pouvoir supérieur. Ou encore une femme peut craindre que Dieu ne veuille la contrôler et la pousser vers une vie dépourvue de plaisir.

Certaines personnes me demandent si c'est « bien » de parler directement à Dieu ou aux anges, ou si c'est blasphématoire. Je leur recommande toujours de suivre leurs croyances personnelles. Cependant, si Dieu, les « maîtres ascensionnés » et les anges sont véritablement *un*, quel mal y aurait-il à s'adresser à eux directement ? Ne pouvez-vous simplement accepter un cadeau que le Ciel vous envoie ? Vous et vos anges n'êtes nullement en train de conspirer contre Dieu. Les anges (de même que votre être supérieur) ne défieront jamais la volonté de Dieu ; vous ne courez donc aucun risque de commettre une faute.

Les anges sont conscients aussi bien de vos « rêves de peur » que de la réalité de l'amour divin. Dieu, qui est tout amour, ne connaît *que* l'amour. Le Créateur sait quand votre conscience se détourne de lui et que vous faites un cauchemar, mais Il ne peut décrire son contenu. Cela voudrait dire que Dieu n'est pas tout amour.

Les anges constituent un pont entre la vérité et l'illusion de cauchemar que sont vos problèmes. Ils vous aident à vous évader de ces mauvais rêves pour vous ramener dans un état de veille plein de santé, de bonheur, de paix et d'abondance. Ils travaillent en collaboration avec votre être supérieur et les âmes avec lesquelles vous êtes aligné spirituellement, notamment Jésus, Moïse, Quan Yin, le Saint-Esprit, Bouddha et Yogananda. Les anges ne jugent pas vos croyances, ils se servent plutôt de vos idées actuelles pour vous toucher.

L'ouvrage *Un cours en miracles* nous enseigne que Dieu ne nous aide pas pendant les périodes difficiles, parce qu'Il n'en voit pas la nécessité (puisqu'Il ne connaît que l'amour et la perfection et non pas le manque ou les problèmes, qui ne sont qu'illusions). Toutefois, Dieu nous *envoie* des aides, lorsque nous croyons être en difficulté. Ne pensons pas que Dieu nous ignore : c'est seulement sa façon divine de nous aider en nous faisant savoir que chaque difficulté est en vérité déjà résolue. Mais au cas où nous persisterions à ne pas avoir conscience de ce fait, Dieu a créé les anges pour nous aider à trouver le moyen de sortir des cauchemars que nous créons.

Les anges m'ont dit que nous n'aurions pas besoin d'eux si, en tout temps, nous restions pleinement conscients de la présence de l'amour. Mais puisque nous naviguons entre divers états de peur et d'amour, Dieu nous envoie des guides célestes pour nous aider à en sortir.

Lorsque vient le temps de partir

En tant que médium clairvoyante qui communique avec les disparus, et chercheur qui a examiné des centaines de cas de personnes en état de mort imminente, je suis convaincue que nous ne pouvons pas mourir tant que notre heure n'est pas venue. Nous pouvons gâcher notre vie, maltraiter notre corps et nous pouvons survivre de justesse, mais tant que le moment n'est pas vraiment venu, la mort ne peut frapper à notre porte.

Chacun de nous crée, avant de s'incarner, un plan de vie général, qui inclut la forme que prendra notre projet de vie (être écrivain, guérisseur, musicien, enseignant, ou autres). Ce plan de vie nous donne aussi un aperçu d'une partie des principales expériences et relations que nous connaîtrons.

Il ne s'agit pas d'une philosophie fataliste. Tous, nous choisissons ces expériences avant de venir sur Terre ; notre libre arbitre en est entièrement responsable. Par ailleurs, nous ne planifions pas toute notre vie à l'avance, ce serait ennuyeux ! Nous imaginons plutôt les principaux carrefours et quelques thèmes généraux, tels que les leçons personnelles que nous tirerons au cours de notre incarnation (la patience ou la compassion, par exemple).

Par ailleurs, nous prévoyons au moins deux ou trois âges, qui indiquent le moment où nous quitterons la surface terrestre pour retourner dans notre demeure divine (par exemple 18, 47 et 89 ans). Lorsqu'une de ces années approchera, vous vous trouverez à un carrefour (vous éviterez de peu un accident, vous contracterez une maladie ou vous aurez une pensée suicidaire) qui vous donnera le choix d'aller au Ciel ou de rester sur Terre. La plupart des gens choisissent de vivre longtemps afin d'être avec leur famille terrestre pendant une génération ou deux. Mais certains quittent la surface terrestre prématurément et retournent au port avant que leur corps atteigne sa pleine maturité. Même s'ils sont physiquement jeunes, leur âme pourrait être plus vieille que la vôtre ou la mienne lorsqu'elle quitte la surface terrestre.

Votre sagesse intérieure sait quels sont les différents âges auxquels vous avez prévu de partir et vous pouvez les découvrir simplement en demandant à votre être supérieur : « Quel âge aurai-je quand je quitterai ce corps physique ? » La plupart d'entre vous entendront automatiquement trois âges (grâce à leurs oreilles intérieures). Certains verront devant eux des chiffres, alors que d'autres ne recevront aucun signe, parce que de façon générale, dans leur subconscient, ils ne veulent pas connaître la réponse.

Il y a ceux qui entendent un âge qu'ils sont sur le point d'atteindre et qui, par la suite, ne reçoivent plus aucune information. Cela peut signifier que votre heure est presque venue ou que votre ego sévit et tente de vous effrayer. L'ego fonctionne évidemment par la peur. Pratiquement tout le temps, même si vous atteignez un âge plus avancé, votre peur vous empêche d'entendre ces chiffres. La relaxation, les exercices de respiration et la méditation peuvent vous aider à recevoir les réponses exactes.

Le comité qui nous aide à établir ce plan prévoit les êtres qui resteront à nos côtés : nos anges gardiens et nos guides spirituels. Tous, nous possédons au moins deux anges gardiens, du début à la fin de notre vie ; nous avons également au moins un guide spirituel, et généralement davantage. Les anges gardiens sont des êtres qui n'ont pas eu d'incarnation humaine (à moins qu'ils n'aient été des anges *incarnés*, sujet qui dépasse la portée de cet ouvrage, mais qui est abordé dans mes livres *Realms of the Earth Angels* et *Les anges terrestres*). Vos guides spirituels sont en général vos proches disparus. Lorsque vous êtes jeune, ce sont des parents qui sont décédés avant votre naissance.

Ces êtres nous aident à ne pas dévier de la réalisation de notre objectif et de l'apprentissage de nos leçons personnelles. Ils nous aident aussi à éviter de gâcher nos vies ou de maltraiter nos corps. Ils interviennent, sans avoir besoin de notre permission, si nous sommes sur le point d'être tué alors que notre heure n'est pas encore venue. Si nous nous approchons d'un de ces âges « carrefours », où nous pouvons choisir, les anges et les guides nous aident à prendre notre décision. Habituellement, si nous n'avons pas encore réalisé notre projet de vie et appris nos leçons, et tout particulièrement si nous avons des proches vivants, nous choisirons de rester sur Terre jusqu'au prochain âge « carrefour ».

J'ai appris par l'expérience que les anges ne peuvent nous aider que si nous le leur permettons. En 1995, une voix d'ange masculine forte et claire m'avertit qu'à moins que je ne ferme le toit de ma voiture décapotable, celle-ci serait volée. Pour diverses raisons, je n'ai pas suivi ce conseil et, une heure plus tard, je me retrouvais victime d'une tentative de vol de voiture à main armée. L'ange m'a alors dit de crier de toutes mes forces. Cette fois, je l'ai écouté et mes cris ont attiré l'attention de passants qui sont venus à mon secours.

Les deux fois, lorsque l'ange tentait de m'aider, j'ai eu le choix de l'écouter ou de l'ignorer. Si j'avais ignoré son second avertissement : « Crie de toutes tes forces », je ne sais pas si je serais encore en vie aujourd'hui. Mais je sais ceci : si j'étais morte, j'aurais au moins compris que les anges avaient fait de leur mieux pour intervenir et m'éviter la mort. J'ai vu le même type de choix libre chez toutes les personnes avec lesquelles j'ai parlé, celles qui ont frôlé la mort et celles qui ont succombé, puis m'ont parlé depuis l'Autre côté.

Les anges gardiens

Comme je l'ai déjà mentionné, les anges gardiens vous sont personnellement attribués pour toute votre vie. Ils n'ont encore jamais été des humains vivant sur Terre, à moins qu'il ne s'agisse d'« anges incarnés » (ceux qui prennent une forme humaine, soit pour une brève période, soit pour une vie entière).

Quelles que soient sa religion, sa personnalité ou sa façon de vivre, chacun d'entre nous possède au moins deux anges gardiens, mais les écoutons-nous ? Ceci est une autre question. Le premier est votre ange extraverti, celui qui vous épaule et vous pousse à faire des choix en harmonie avec votre être supérieur. Il connaît vos talents et votre potentiel et vous encourage à les faire rayonner de toutes les manières possibles. (Je traiterai un peu plus loin du sexe des anges.)

Votre second ange gardien est beaucoup plus discret, tant en ce qui concerne sa voix que son énergie. Son rôle est de vous réconforter lorsque vous êtes triste, seul ou déçu. Il vous serre dans ses bras lorsque vous n'obtenez pas l'emploi ou la maison dont vous rêviez et vous apaise quand votre rendez-vous du vendredi soir tombe à l'eau.

Vous pouvez posséder plus de deux anges gardiens ; en fait, la plupart des gens que j'ai rencontrés étaient entourés de nombreux anges gardiens. Toutefois, mon échantillon provient des personnes qui participent à mes ateliers ; et généralement ceux qui apprécient les anges en attirent *davantage*. Ce n'est pas parce que les anges ont un parti pris en faveur de leurs partisans, mais plutôt que ceux qui manifestent une inclination pour les anges leur demandent plus souvent de l'aide.

Cette demande est toujours satisfaite, peu importe qui la présente.

Nos anges *ont* des énergies sexuelles différentes, ce qui les fait se manifester et agir de façon masculine ou féminine. Cependant, chacun de nous a des compagnons divins plus ou moins masculins ou féminins. Ainsi, vous pourriez avoir trois anges masculins et un ange féminin, alors que votre sœur aurait deux anges féminins.

Tous les anges ont vraiment des ailes et une apparence céleste qui ressemblent à ceux qui figurent sur les peintures de la Renaissance reproduites sur les cartes de Noël et dans l'art religieux. D'après mon expérience, ils n'utilisent pas ces ailes pour se déplacer ; en effet, je n'ai jamais vu d'anges battre des ailes. Je les ai vus entourer quelqu'un de leurs ailes pour le réconforter et, d'après ce que j'ai pu remarquer, c'est leur seul but.

Une fois, les anges m'ont dit que la seule raison pour laquelle ils ont des ailes vient de nos attentes occidentales. Ils ont ajouté : « *Les premiers peintres des anges ont pris notre aura lumineuse pour des ailes, c'est pour cela qu'ils nous ont représentés avec des ailes dans leurs peintures, et c'est ainsi que nous vous apparaissons afin que vous nous reconnaissiez, nous, vos anges.* »

Chose intéressante, les anges gardiens qui entourent les personnes appartenant à des religions orientales, notamment celles qui pratiquent le bouddhisme ou l'hindouisme, n'ont généralement pas d'ailes. Ces anges sont apparentés aux *bodhisattvas* (êtres ascensionnés illuminés) et jouent le même rôle que les anges gardiens occidentaux : aimer, protéger et guider les personnes qui leur sont attribuées. Les seules exceptions sont celles qui viennent de contextes éclectiques ou du nouvel âge. Ces personnes sont entourées d'une multitude d'aides spirituelles et, en général, me diront qu'elles ont appelé *tous* les êtres célestes, afin qu'ils soient à leurs côtés et leur apportent leur aide !

Les archanges

Les archanges surveillent les anges gardiens. Ils sont habituellement plus grands, plus forts et ont plus de pouvoir que les anges. En fonction de votre système de croyances, ils sont quatre, sept ou une infinité. Nous rencontrerons plus loin d'autres archanges, presque comme découvrir de nouvelles planètes ou de nouveaux systèmes solaires.

Les archanges n'appartiennent pas à une confession ; ils aident tous les êtres, sans se soucier de leurs antécédents religieux ou non religieux. Ils peuvent se tenir avec chacun d'entre nous, individuellement ou simultanément, parce qu'ils ne sont pas limités par l'espace ni par le temps. Imaginez quelle serait votre vie si vous pouviez vous trouver à différents endroits en même temps ! D'après les anges, la seule raison pour laquelle nous ne faisons pas l'expérience de l'ubiquité, c'est que nous *croyons* que nous ne pouvons être qu'à un endroit, à un moment donné. Nous apprendrons bientôt de quelle manière il est possible, selon eux, de lever cette restriction.

Je souligne ce point parce que certaines personnes craignent, qu'en faisant appel à l'archange Michaël, par exemple, elles l'écartent d'une mission plus « importante ». C'est ainsi que nous projetons nos limites humaines ! Le fait est que les archanges et les maîtres ascensionnés peuvent être avec tous ceux qui désirent leur aide et vivre une expérience vraiment unique avec chacun d'eux. Sachez donc que vous pouvez appeler les archanges en leur demandant mentalement de vous aider. Vous n'avez besoin d'aucune prière particulière.

Le nombre exact d'archanges existants dépend de votre système de croyances ou du texte spirituel que vous consultez. La Bible, le Coran, le Testament de Lévi, la Kabbale, le Troisième Livre d'Énoch et les écrits de Denys énumèrent et décrivent tous des nombres et des noms différents d'archanges.

Je me contenterai de dire qu'il existe de nombreux archanges, même si je ne présente habituellement dans mes livres et mes ateliers que Michaël, Raphaël, Uriel et Gabriel. Toutefois, ces derniers temps, les autres archanges m'ont poussée à les associer à ma vie et à mon œuvre ; voici donc les descriptions d'autres archanges et de la manière dont vous pourriez travailler avec eux. Les différentes indications de sexe proviennent de mes relations avec ces archanges. Étant donné que les anges et les archanges n'ont pas de corps physique, leur sexe se rattache à l'énergie de leur spécialité. Par exemple, l'attitude fortement protectrice de l'archange Michaël est très masculine, alors que l'attention que Jophiel porte à la beauté est extrêmement féminine.

- **L'archange Ariel.** Son nom signifie « lion ou lionne de Dieu ». Ariel est considérée comme l'archange féminin de la Terre, parce qu'elle travaille infatigablement au nom des planètes. Elle surveille le royaume élémental et aide à guérir les animaux, en particulier les animaux non domestiqués. Appelez Ariel pour apprendre à mieux connaître les fées, apporter de l'aide pour ce qui a trait aux préoccupations environnementales ou soigner un oiseau sauvage ou tout autre animal.

- **L'archange Azraël.** Son nom signifie « celui que Dieu aide ». Azraël est parfois appelé l'ange de la mort, parce qu'il rencontre les personnes au moment de leur mort physique et les escorte vers l'Autre côté. Il aide les âmes qui viennent de traverser à se sentir bien et très aimées. Cet archange seconde les ministres de toutes les religions et également les maîtres spirituels. Appelez Azraël pour vos proches mourants ou disparus, ainsi que pour vous aider dans votre ministère formel ou informel.

- **L'archange Gabriel.** Son nom signifie « Dieu est ma force ». Dans les peintures du début de la Renaissance, Gabriel est représenté sous les traits d'une femme archange, bien que les écrits plus récents en parlent avec des pronoms masculins (peut-être en raison des importantes révisions apportées aux textes sacrés par le concile de Nicée). Elle est l'ange messager qui aide tous les messagers terrestres, notamment les écrivains, les enseignants et les journalistes. Appelez Gabriel pour surmonter la peur ou la procrastination dans tout projet faisant intervenir la communication ou dans tout aspect de la conception, de l'adoption, de la grossesse et de la petite enfance.

- **L'archange Haniel.** Son nom signifie « grâce de Dieu ». Appelez cet ange chaque fois que vous désirez ajouter à votre vie la grâce et ses effets (la paix, la sérénité et le plaisir liés à la compagnie de bons amis, la beauté, l'harmonie, et plus encore). Vous pouvez également demander de l'aide avant toute activité au cours de laquelle vous désirez être la grâce incarnée, notamment pour présenter un exposé important, passer une entrevue pour un emploi ou vous rendre à un premier rendez-vous.

- **L'archange Jërémiel.** Son nom signifie « miséricorde de Dieu ». Il est l'inspirateur qui nous motive à nous consacrer aux services spirituels. Il participe également au processus d'obtention de la sagesse divine. Appelez Jërémiel si vous vous sentez « coincé » spirituellement et pour retrouver de l'enthousiasme à propos de votre chemin spirituel et de votre mission divine. Jërémiel offre la paix de l'esprit pour la guérison émotionnelle et un grand soutien pour ce qui est des questions de pardon.

- **L'archange Jophiel.** Son nom signifie « beauté de Dieu ». Elle est l'archange patronne des artistes qui nous aide à voir et à maintenir la beauté dans notre vie. Appelez-la avant d'entreprendre un projet artistique. Étant donné que Jophiel travaille à l'embellissement et à la dépollution de la planète, vous pouvez aussi l'appeler pour lui demander de vous confier des tâches qui contribuent à cette mission vitale. Je nomme également Jophiel l'ange du « feng shui », parce qu'elle peut vous aider à remettre de l'ordre dans votre bureau, votre maison, voire votre vie en général.

- **L'archange Métatron.** Son nom signifie « ange de la présence ». Il est considéré comme l'archange le plus jeune et le plus grand, et l'un des deux archanges qui ont cheminé sur Terre en tant qu'homme (comme le prophète Énoch). Métatron travaille avec la Vierge Marie pour aider les enfants, autant ceux qui vivent que ceux qui sont morts. Appelez-le pour toute aide dont vous pouvez avoir besoin concernant vos enfants. Son intervention vise souvent à susciter chez les plus jeunes l'éveil de leur conscience et compréhension spirituelles. Il aide aussi les enfants Crystal et Indigo à garder leurs talents spirituels en éveil et à composer avec l'école, la maison et d'autres aspects de leur vie.

- **L'archange Michaël.** Son nom signifie « il est l'image de Dieu » ou « il ressemble à Dieu ». Il est l'archange qui libère la planète et ses habitants des effets de la peur. Il est le patron des policiers et nous donne à tous le courage et la fermeté de suivre notre vérité et d'accomplir notre mission divine. Appelez Michaël si vous avez peur ou êtes confus à propos de votre sécurité personnelle, de votre objectif céleste ou de la réalisation d'un changement nécessaire dans votre vie. Vous pouvez aussi lui demander de vous guider pour régler des problèmes mécaniques ou électriques. En outre, Michaël peut vous aider à vous souvenir de votre objectif de vie, puis vous donner le courage de le poursuivre jusqu'au bout.

- **L'archange Raguel.** Son nom signifie « ami de Dieu ». Il est souvent nommé l'archange de la justice et de l'équité et le champion des opprimés. Demandez-lui de l'aide toutes les fois où vous avez l'impression d'être exploité ou manipulé. Raguel interviendra en vous donnant des conseils pour obtenir le pouvoir et l'équilibre au sein de vos relations personnelles et collectives. Faites également appel à Raguel au nom d'une autre personne qui a été traitée injustement. Raguel vous aidera aussi à harmoniser toutes vos relations.

- **L'archange Raphaël**. Son nom signifie « Dieu guérit » et il a la responsabilité des guérisons physiques. Il aide tous ceux qui se consacrent à la santé et au bien-être ; son aide s'étend aux personnes qui ne sont pas encore actives dans ce domaine. Appelez Raphaël lorsque vous ou quelqu'un d'autre êtes blessé ou malade (y compris des animaux). Demandez-lui de vous guider dans votre travail de guérison, notamment dans l'éducation et l'établissement d'une pratique privée. En outre, l'archange Raphaël protège les voyageurs, afin de leur assurer un voyage harmonieux et sécuritaire.

- **L'archange Raziel**. Son nom signifie « secret de Dieu ». On dit qu'il se tient près de Dieu, si près qu'il entend toutes les conversations divines sur les secrets et les mystères de l'Univers. Il a consigné ces secrets dans un document qu'il a offert à Adam, et qui a finalement abouti entre les mains des prophètes Énoch et Samuel. Appelez Raziel toutes les fois que vous désirez comprendre des données ésotériques (y compris vos rêves) ou vous lancer dans l'alchimie ou la manifestation.

- **L'archange Samuel.** Son nom signifie « celui qui voit Dieu ». Il nous aide à situer des parties importantes de nos vies. Appelez Samuel pour trouver une nouvelle relation amoureuse, de nouveaux amis, un nouvel emploi ou pour retrouver un objet perdu. Lorsque vous aurez trouvé, il vous aidera à rendre stable votre nouvelle situation et à la garder. Vous pouvez, au besoin, lui demander son aide pour remédier à un malentendu dans des relations personnelles ou professionnelles.

- **L'archange Sandalphon**. Son nom signifie « frère », parce qu'il a été, comme l'archange Métatron, un prophète humain (Elijiah), qui est monté au Ciel dans le royaume des archanges. Sandalphon est l'archange de la musique et des prières. Il aide l'archange Michaël à dissiper la peur et les effets de la peur (avec de la musique). Mettez une musique apaisante et appelez-le pour chasser toute confusion spirituelle.

- **L'archange Uriel**. Son nom signifie « lumière de Dieu ». Cet être céleste diffuse de la lumière sur une situation problématique, ce qui nous éclaire et nous permet de trouver des solutions. Appelez Uriel toutes les fois que vous êtes dans une situation difficile et que vous devez réfléchir clairement et trouver des réponses. Uriel aide aussi les étudiants et ceux qui ont besoin de soutien intellectuel.

- **L'archange Zadkiel**. Son nom signifie « droiture de Dieu ». Il est considéré depuis longtemps comme l'ange de la mémoire et, de même qu'Uriel, il est d'une grande aide pour les étudiants. Appelez Zadkiel pour vous aider à vous souvenir de *quoi que ce soit*, y compris de votre propre divinité.

Les maîtres ascensionnés

Les maîtres ascensionnés sont des êtres qui sont passés sur Terre en tant que grands chefs, maîtres et guérisseurs et qui continuent à nous aider depuis leur poste d'observation dans le monde spirituel. Parmi eux, mentionnons des personnages célèbres comme Jésus, Moïse, Bouddha, Quan Yin, Marie et Yogananda, et des saints ; des personnages moins illustres aussi, comme des yogis qui ont transcendé leurs limites physiques durant leur vie, des inventeurs novateurs et des héros méconnus. Grâce à l'immense amour que renferme leur cœur et à l'inébranlable dévotion qu'ils nous portent, ils aident tous ceux qui les appellent. Dans mon livre *Archanges et maîtres ascensionnés,* je décris en détail ces différents êtres et j'explique la manière dont il est possible de travailler avec chacun d'eux.

Les anges de la nature

Fréquemment appelés fées, élémentaux ou devas, ces êtres sont les anges de Dieu au même titre que les anges gardiens et les archanges. Toutefois, considérés avec suspicion, ils sont souvent négligés ou mal compris. Je me suis récemment rendue dans une grande librairie et j'ai pris note avec bonheur de tous les ouvrages qui se trouvaient sur un rayon destiné spécifiquement aux « anges ». Mais je me demandai : « Où sont les livres sur les fées ? » J'ai fait le tour des sections portant sur le nouvel âge et la spiritualité sans en trouver un seul. Je les ai finalement découverts dans une vaste section intitulée « mythologie ». Je me suis sentie attristée pour les fées et j'ai compris la raison pour laquelle j'avais reçu la mission de les faire connaître dans mes ouvrages et mes ateliers.

Les gens croient que les fées sont, au mieux, malicieuses et, au pire, malveillantes. Contrairement aux anges gardiens ou aux archanges, ces êtres ont un ego. Ce sont des anges plus denses et qui vivent plus près de la Terre ; de ce fait, il est naturel qu'en général ils présentent ce trait de caractère.

Les anges de la nature, y compris les fées, sont des assistants de Dieu rattachés à l'environnement. Ils surveillent l'atmosphère, le paysage, les étendues d'eau et les animaux de la terre. Si vous respectez l'environnement en recyclant et en ramassant les ordures, par exemple, les fées vous témoigneront un grand respect. Si, à cet égard, vous prenez des mesures supplémentaires, que notamment vous êtes bon avec les animaux et que vous utilisez des produits de nettoyage non toxiques, ces esprits seront vraiment heureux de vous rencontrer et de travailler avec vous.

Les anges de la nature scrutent toutes les personnes avec lesquelles ils entrent en communication et ils connaissent immédiatement leur degré d'engagement à l'égard de l'environnement. Dès que vous commencerez à communiquer avec eux, ils tenteront de vous recruter pour que vous les aidiez dans leur campagne pour sauver le monde.

Les personnes dont l'objectif de vie vise à secourir les animaux ou l'environnement ont souvent des fées ou d'autres élémentaux près d'eux, qui agissent comme anges gardiens. Ces esprits se tiennent auprès des humains, en plus de leurs anges gardiens et de leurs guides. J'ai constaté qu'ils se comportent tout à fait bien et n'interfèrent pas avec le libre arbitre ou le bonheur des êtres humains. Leurs interventions se limitent généralement à inciter les humains à participer aux causes environnementales et à s'engager dans des mouvements qui libèrent le corps et l'esprit. Vous pouvez également en apprendre davantage sur les élémentaux en lisant mon livre *Fées 101*.

Chapitre Deux

À propos de nos proches disparus

Si vous avez perdu des êtres proches, ils ont probablement passé du temps avec vous après leur décès ; il se pourrait même qu'ils demeurent auprès de vous de façon permanente. En effet, en plus des anges, des archanges et des maîtres ascensionnés, vous pouvez avoir auprès de vous, pour vous guider, vos proches disparus. Il peut s'agir de parents qui sont morts avant votre naissance, de personnes avec lesquelles vous avez entretenu un lien étroit ou encore de personnes de votre passé qui peuvent vous enseigner une compétence particulière pour vous permettre de réaliser votre objectif de vie.

Lorsque les gens quittent cette dimension, il leur est donné la possibilité de rendre service à la fois pour renforcer leur évolution spirituelle et pour aider les autres. Certains se proposent comme guides pour leurs proches qui sont en vie. Ils choisissent généralement de rester jusqu'à la fin de leur vie physique. La mesure du temps est différente au Ciel, de sorte que, si vous vivez jusqu'à quatre-vingt-dix ans, cette période semblera bien plus courte à ceux qui vivent de l'Autre côté.

Ces êtres vous accompagnent pour prendre soin de vous. Par ailleurs, vous pouvez remplir une mission semblable à celle des proches disparus qui demeurent à vos côtés : ils peuvent ainsi réaliser leur objectif de vie par procuration, s'ils ne l'ont pas atteint pendant leur vie terrestre. Si vous avez reçu le nom de votre tante Annette, qui est décédée, il est probable qu'elle soit votre guide spirituelle. Vos homonymes restent presque toujours auprès de vous. Peut-être avez-vous reçu ce prénom parce que vos parents se sont intuitivement rendu compte des ressemblances entre le parcours de vos âmes.

Ainsi, lorsque tante Annette décide d'être votre guide spirituelle, elle doit tout d'abord passer par l'équivalent d'un programme de formation pour devenir conseillère spirituelle. Dans cette école céleste, elle apprend comment vous soutenir sans interférer avec votre libre arbitre, comment se déplacer dans la dimension astrale et être à portée de voix si vous l'appelez pour lui demander son aide. Elle découvre comment communiquer avec vous par l'intermédiaire de votre canal (votre moyen) de communication spirituel le plus fort, notamment vos rêves, votre voix intérieure, votre instinct ou votre intuition intellectuelle. Cela prend du temps pour s'entraîner à devenir un guide spirituel. C'est pour cette raison que vos proches disparus ne sont pas constamment auprès de vous. Seul quelqu'un qui a suivi un entraînement approfondi peut rester jour et nuit à vos côtés.

Disons à titre d'exemple que tante Annette a été une brillante journaliste et que vous êtes un auteur débutant. En fait, l'écriture fait partie de votre objectif de vie. Quand vous demandez au Ciel : « Quelle est ma mission dans la vie ? », votre tante, par télépathie, vous encourage à écrire. Bien sûr, elle le fait uniquement parce qu'elle connaît la mission divine qui vous est destinée.

De temps en temps, des personnes me demandent s'il est bien de parler avec les morts. Elles citent parfois la Torah qui met en garde contre la communication avec les morts et les médiums. Je comprends ces mises en garde, parce que c'est une erreur de confier notre vie aux personnes décédées, tout comme il n'est pas bon de donner le contrôle aux vivants.

C'est à notre être supérieur, conjointement avec notre Créateur, que nous voulons confier la direction de notre vie. Nos proches disparus peuvent évidemment nous aider, mais ils ne sont pas automatiquement des saints, des anges ou des médiums simplement parce que leur âme a passé d'une dimension à l'autre. Toutefois, ils peuvent travailler en collaboration avec Dieu, l'Esprit saint, les maîtres ascensionnés et les anges pour nous aider à accomplir la volonté divine (qui fait un avec les objectifs de notre être supérieur). Je pense que la principale raison d'entrer en contact avec ces guides réside dans l'aide considérable qu'ils peuvent nous apporter et le désir de maintenir ou d'approfondir nos relations avec eux.

On me demande également si nous dérangeons nos proches disparus lorsque nous sollicitons leur aide. Ceux qui sont dans le Ciel ont le choix, comme les êtres vivants, de refuser lorsqu'ils ne veulent pas être dérangés. Toutefois, d'après mon expérience, les disparus aiment être utiles. Bien sûr, ils ont tout le temps maintenant, dans l'autre monde ! Et la plupart du temps, ils veulent vous aider parce qu'ils vous aiment.

Les personnes adoptées

Je me suis souvent fait interroger au sujet des guides spirituels des personnes adoptées. J'ai constaté que ces personnes ont auprès d'elles plus d'anges et de proches disparus que les autres. Une personne adoptée possède toujours un guide spirituel qui est un parent de sa famille biologique ; je n'ai jamais vu d'exception à cette réalité. Il peut s'agir d'un père ou d'une mère, d'un jumeau, d'un grand-parent, d'une tante ou d'un oncle décédé. Peu importe que la personne adoptée ait rencontré ou non ce membre de la famille. Le lien existe, qu'une relation ait été forgée ou non du temps où les deux parties vivaient.

Par ailleurs, ces personnes ont des guides parmi les amis et les membres de la famille d'adoption disparus, qui les ont accompagnées tout au long du chemin. Je crois qu'elles ont plus d'anges que les personnes qui n'ont pas été adoptées, pour les protéger et les aider à s'adapter aux changements de vie découlant du processus d'adoption.

Approfondir votre relation avec les proches disparus

« Est-ce que mes proches disparus vont bien ? » est une question qui m'est constamment posée. La raison de cette question est simple : la crainte que l'un d'eux se trouve dans une sorte de lieu « infernal », au sens littéral ou figuré. Pourtant, d'après mes lectures, 90 % des personnes décédées vont bien, heureusement. Leur seul malaise est en lien avec vous et moi, en particulier si nous sommes accablés de douleur jusqu'à l'obsession ou la paralysie émotionnelle. Ils continuent leur vie et vous demandent de faire de même. Si vous bloquez votre évolution spirituelle ou votre bonheur en raison de votre peine, ceux qui sont décédés se heurtent à un obstacle similaire.

En fait, on peut affirmer sans risque que le seul problème de la plupart des personnes qui sont au Ciel, c'est ... *nous* ! Si nous continuions à vivre une vie heureuse et utile, nos proches disparus chanteraient et célébreraient joyeusement.

Les esprits se sentent merveilleusement bien physiquement de l'Autre côté. Toutes les maladies, les blessures et les incapacités disparaissent une fois que le corps est parti. L'âme est intacte et en parfaite santé. Tous se sentent encore comme avant, mais sans le fardeau et la souffrance liés aux limites terrestres.

Au Ciel, les âmes se sentent aussi très bien émotionnellement. Toutes les contraintes financières et temporelles ont disparu, et il n'existe plus de pressions ni de préoccupations (à moins que nous ne nous sentions profondément désespérés et n'affaiblissions émotionnellement nos proches disparus). Quelqu'un qui est au Ciel est libre de concrétiser toute situation ou circonstance, comme un voyage international, une magnifique maison, un travail bénévole et un moment passé en famille et avec des amis (vivants et décédés).

« Mais que se passe-t-il si mes proches disparus sont en colère contre moi ? » me demande-t-on fréquemment. Les gens s'inquiètent de ce que les membres de leur famille et leurs amis décédés soient fâchés contre eux pour les raisons suivantes :

- ils n'étaient pas auprès de la personne mourante vers la fin de sa vie, ou pour l'accompagner lors de son dernier souffle ;
- ils ont participé à la décision de débrancher le respirateur artificiel ;
- ils font des choix de vie que, selon eux, leur proches disparus n'auraient pas approuvés ;
- ils se sont disputés avec les membres de leur famille à propos de questions d'héritage ;
- ils s'inquiètent de savoir s'ils auraient pu empêcher la mort ou s'ils sont à blâmer pour une raison ou une autre ;
- ils n'ont pas encore trouvé ou traduit en justice la personne qui, vraisemblablement, était responsable d'un meurtre ou d'un accident ;
- ils ont eu une dispute avec la personne peu avant sa mort.

En fait, au cours des milliers de lectures que j'ai effectuées, je n'ai jamais trouvé une personne en colère à propos des points mentionnés à la page précédente. Au Ciel, vous vous libérez des nombreuses préoccupations qui pèsent sur vos épaules quand vous êtes sur Terre. Vous jouissez au Ciel d'une perception plus claire des véritables motivations des gens ; ainsi, vos proches disparus ont une meilleure compréhension des raisons pour lesquelles vous agissiez (ou agissez encore) d'une certaine façon. Au lieu de vous juger, ils vous regardent avec compassion. Ils n'interviennent dans vos comportements (notamment les dépendances) que s'ils constatent que votre mode de vie est en train de vous tuer ou qu'il vous empêche de réaliser votre objectif de vie.

Ne vous inquiétez pas non plus que votre grand-père vous observe lorsque vous êtes sous la douche ou que vous faites l'amour. Ces âmes ne sont pas celles de voyeurs. En réalité, il y a lieu de penser que les guides spirituels ne voient pas notre corps physique sur Terre ; ils perçoivent notre corps d'énergie et de lumière. Ils comprennent tout simplement vos pensées et vos sentiments véritables en chaque circonstance.

Puisque les guides spirituels connaissent vraiment votre façon de ressentir et de penser, il n'est pas nécessaire de leur dissimuler vos inquiétudes.

Supposons que vous avez des sentiments contradictoires à propos de la mort de votre père. D'une part, vous êtes en colère contre lui, parce qu'il fumait et buvait constamment, ce qui a contribué à sa fin prématurée. D'autre part, vous vous sentez coupable, parce que vous pensez que vous avez « tort » d'être en colère contre une personne décédée, tout particulièrement votre père.

Votre père sait exactement comment vous vous sentez, parce que du Ciel, il peut lire dans votre esprit et votre cœur. Vos proches disparus vous demandent d'être honnête avec eux, d'avoir une discussion à cœur ouvert sur votre colère, votre peur, votre culpabilité et votre inquiétude encore présentes. Vous pouvez avoir cette conversation avec la personne qui est décédée en lui écrivant une lettre, en réfléchissant aux pensées que vous voulez lui adresser ou en lui parlant à haute voix.

Vous pouvez communiquer avec vos proches disparus n'importe quand et n'importe où. Leurs âmes ne se trouvent pas au cimetière ; elles sont libres de se déplacer partout dans l'Univers. Et ne vous inquiétez pas de troubler leur paix. Chacun, vivant ou mort, veut régler les problèmes restés non résolus dans ses relations ; vos proches disparus sont donc aussi heureux et motivés que vous pour ce qui est d'avoir cette discussion.

Les anges animaux

Seriez-vous étonné de découvrir que, parmi les proches disparus qui veillent sur vous, certains sont vos animaux de compagnie adorés ? Votre chien, votre chat, votre cheval et tout autre animal que vous avez profondément aimé, restent auprès de vous après leur décès. Le lien que vous avez entretenu avec eux lorsqu'ils étaient vivants agit comme une laisse qui les garde constamment à vos côtés, longtemps après leur mort.

Lorsque j'anime un atelier, je parle au public des chiens et des chats que je vois courir et jouer dans la salle. En général, nous arrivons assez vite à deviner à qui appartient l'un ou l'autre chien, parce que ces créatures restent à côté de leur maître. Ces réunions, au cours desquelles les participants découvrent que Rover les accompagne toujours, sont très touchantes et pleines d'émotions. Les participants découvrent que leurs animaux de compagnie ont toujours la même personnalité, la même apparence et le même comportement que de leur vivant. Si l'animal était joueur, hyperactif, amical, très soigné ou étonnamment calme, il conserve ces caractéristiques après sa mort physique. Les chiots joueurs sautent dans des tas de feuilles éthériques et courent après des balles. Est-ce l'imagination des chiens qui fait apparaître ces feuilles, ces balles ou d'autres jeux ? Je ne le sais pas...

Les chats restent également près de leur maître, même si d'habitude ils ne se collent pas autant aux humains que les chiens, à cause de leur caractère indépendant. C'est pourquoi, dans mes ateliers, il m'est difficile de dire à quelles personnes appartiennent les félins. Je dois me fonder sur la description des divers chats qui courent autour de la pièce et la déclaration de leur propriétaire.

De nombreux membres de l'assistance signalent qu'ils ont vu ou senti les apparitions de leur animal de compagnie décédé. Par exemple, vous pourriez sentir Fluffy, votre chat, sauter sur votre lit, ou sentir Red, votre chien, se coucher sur le divan. Grâce à votre vision périphérique, vous pourriez même voir votre animal de compagnie s'élancer à travers la pièce. En effet, le coin de l'œil est plus sensible à la lumière et au mouvement que l'avant de l'œil, vous avez donc souvent des visions psychiques en dehors de la zone antérieure. Lorsque vous vous tournez pour voir l'image de face, celle-ci semble disparaître.

J'ai vu des chevaux et même un cochon d'Inde attendre près des personnes comme des anges gardiens. Il s'agissait d'animaux de compagnie bien-aimés, qui continuaient à se tenir loyalement aux côtés de leur maître. Les animaux nous aident en nous insufflant l'énergie divine de l'amour et en nous offrant une compagnie que, peut-être, seul notre inconscient perçoit.

J'ai également remarqué les esprits des animaux totems. Ce sont ceux des aigles, des loups et des ours qui entourent la tête des humains, leur apportant protection et sagesse naturelle. (Vous pouvez lire à ce sujet les ouvrages écrits par mon mari, Steven Farmer : *Power Animals* et *L'esprit-guide de l'animal*.)

J'ai observé des dauphins qui se tenaient auprès des personnes préoccupées par les problèmes océanographiques et des licornes qui entouraient les personnes à l'écoute de la nature et du royaume élémental. Je n'ai jamais vu un poisson rouge rôder autour de quelqu'un, mais, à la fin de sa vie, le poisson rouge traverse un tunnel de lumière très différent, n'est-ce pas ? !

Vous pouvez continuer à communiquer avec tous vos proches disparus, y compris avec vos animaux de compagnie, au moyen des processus décrits dans le présent ouvrage.

Chapitre Trois

Messages des enfants du Ciel

Rien n'est probablement plus tragique que de dire au revoir à un enfant; pourtant, les âmes des enfants sont très vivantes au Ciel et elles continuent incontestablement à vivre de façon très heureuse et à être très utiles. Pendant plusieurs années, j'ai limité ma pratique privée en thérapie par les anges à la présentation de lectures gratuites aux parents dont les enfants étaient décédés. J'ai beaucoup appris en parlant aux jeunes qui vivent de l'Autre côté.

La perte d'un enfant entraîne plus de culpabilité que toute circonstance dont j'ai été témoin auparavant. La plupart des parents sont anéantis, se demandent s'ils auraient pu empêcher, ou s'ils ont provoqué, d'une certaine façon, la mort de leur enfant. Ils se tourmentent constamment avec des « si seulement » : « si seulement je n'avais pas laissé Amy conduire la voiture cette nuit-là », « si seulement j'avais porté plus d'attention à Dan quand il disait qu'il était malheureux » ou « si seulement j'avais été plus strict envers Jacob pour ce qui est de rester dehors si tard ».

Bien sûr, vous admonester ne ramènera pas votre enfant à la vie. Cela dit, j'aimerais partager avec vous quelques informations qui pourraient aider votre cœur à guérir.

— Les jeunes enfants ont un point de vue différent sur la mort. Les enfants de cinq ans ou moins ne conçoivent pas la mort de la même façon que nous. C'est pour cela qu'il est si difficile d'expliquer la permanence de la mort d'un proche à un tout petit. « Mais *quand* grand-papa va-t-il revenir ? » demandera continuellement l'enfant, peu importe le nombre de fois où vous lui expliquez que son grand-père est maintenant au Ciel.

Lorsque les bébés et les enfants décèdent, ils ne se rendent pas compte qu'ils sont morts. En effet, ils se sentent heureux et vivants. Ils se demandent : « Pourquoi est-ce que tout le monde pleure ? » Étant donné qu'ils ne savent pas qu'ils sont morts, ils se précipitent pour aider les membres de leur famille en deuil et leur offrent des dons éthériques pour les encourager. Une fois, alors que je faisais une lecture à une mère qui avait perdu sa fille de quatre ans, la femme commença à sangloter sans pouvoir s'arrêter. Depuis le monde des esprits, la petite fille commença alors à dessiner des arcs-en-ciel pour réconforter sa maman. Alors qu'elle tendait tous les dessins à sa mère, j'en informai celle-ci.

« Elle aimait peindre des arcs-en-ciel lorsqu'elle vivait », me confia la mère avec tristesse. « Elle savait aussi qu'ils amenaient toujours un sourire sur mon visage. »

— Les enfants ne gardent pas de rancune lorsqu'ils sont au Ciel. Je n'ai jamais rencontré un enfant décédé (ni un adulte d'ailleurs) qui reproche sa mort à quelqu'un. Même les victimes de meurtre pardonnent à leur meurtrier, parce qu'elles se rendent compte que la persistance de la colère ne blesse qu'*elles-mêmes*. La personne qui a été tuée peut toutefois aider à l'arrestation du criminel, non par vengeance, mais pour prévenir d'autres meurtres.

Les enfants dont le développement a été interrompu par l'avortement ne blâment pas leurs parents et ils ne se rendent pas compte non plus qu'ils sont morts. En fait, les âmes des enfants qui ne sont pas arrivés à terme, à cause d'un avortement, d'une fausse couche ou parce qu'ils s'agit d'enfants mort-nés, demeurent aux côtés de leur mère. Ces âmes ont ensuite la priorité pour intégrer le corps du prochain enfant conçu par la mère. Ainsi, si vous avez perdu un bébé ou un fœtus et que depuis, vous avez eu un autre enfant, il est probable que ce soit la même âme. Si la femme ne conçoit pas d'autre enfant, cette âme grandit alors près de la mère et joue le rôle de guide spirituel. Ou encore, l'esprit de l'enfant peut entrer dans le monde physique et aller dans la famille de la mère d'une autre façon, par adoption ou en devenant sa nièce ou son neveu.

– **L'âme d'un enfant peut être dotée d'une grande sagesse.** Même si le corps des enfants est petit, cela ne signifie pas que leur esprit est jeune, malheureux ou naïf. Aussi devons-nous envisager que l'âme de l'enfant puisse avoir une certaine responsabilité quant à l'heure de sa mort. Le texte du document spirituel *Un cours en miracles* dit : « Nul ne meurt sans donner son consentement » ; j'ai constaté que ce propos était exact. Demandez à n'importe quelle infirmière ou à n'importe quel médecin, ils vous raconteront des histoires à propos de personnes décédées d'une maladie bénigne parce qu'ils le voulaient. Ils vous raconteront aussi des histoires édifiantes à propos de personnes qui ont décidé de vivre, alors que tout, selon les médecins, était contre elles.

Aussi difficile à accepter que ce soit, votre enfant pourrait avoir pris la décision de retourner dans la demeure céleste avant que vous ne soyez prêt à le quitter. Dans mon livre *Thérapie par les anges,* j'ai raconté que les anges disaient ne pas comprendre où nous avions pêché l'idée que tout le monde devait vivre jusqu'à 90 ans !

Comme je l'ai mentionné précédemment, avant notre conception, nous décidons avec nos anges et nos guides à quel âge nous quitterons notre corps physique. Un adolescent décédé m'a confié qu'après son accident de voiture, les anges lui avaient donné le choix de vivre ou de mourir, en lui décrivant les conséquences de chacune des décisions. Pendant ma lecture avec ce garçon et sa mère vivante, il lui a dit par mon intermédiaire :

> *Je t'ai fait un cadeau en choisissant de mourir, même si tu ne peux peut-être pas le comprendre. Il m'a été montré que, si je choisissais de vivre, je serais gravement handicapé. Je me suis rendu compte du stress que cela t'aurait causé, à toi, à moi-même et sur le plan financier. J'ai appris que ce stress aurait eu des conséquences pour votre mariage. Je me serais senti inutile et coupable si j'avais choisi de vivre ! Alors pardonne-moi, j'ai fait le choix de quitter mon*

corps. Les anges m'ont indiqué, qu'aussi douloureux que cela puisse être pour toi, tu finirais par te rétablir et poursuivre ton chemin. Ils m'ont fait voir que papa et toi resteriez mariés et que vous vous soutiendriez.

Alors, s'il te plaît accepte mon cadeau. Comprends mon choix ! Tu as toujours été fière de moi par le passé et j'ai besoin, qu'aujourd'hui, tu sois fière de moi et de ma décision. Crois-moi, je suis très, très heureux ici.

La mère m'a raconté que, lorsque son fils se trouvait en salle d'opération après son accident, le médecin lui avait fait savoir que les signes vitaux de son fils étaient intermittents. « Il a ajouté que mon fils semblait lutter de façon acharnée pour sa vie : il revenait dans son corps pendant un instant, puis le quittait et y revenait encore. »

Cette femme se jura d'accepter la décision de son enfant avec toute la grâce qu'elle pourrait obtenir. Je lui conseillai de se joindre à un groupe de prières et de soutien afin de la renforcer dans sa certitude que la mort de son enfant n'avait pas été vaine, et pour savoir qu'il était heureux et en paix au Ciel.

– Toutes les souffrances sont maintenant dissipées. De nombreux parents deviennent fous à l'idée que leur enfant a terriblement souffert avant de mourir. Je ne vais pas édulcorer la réalité ; de nombreuses personnes éprouvent de la douleur physique et une véritable terreur durant le processus de la mort. Par bonheur, la grâce de Dieu a établi une certaine protection qui nous aide à atténuer la conscience de l'immense douleur. Le corps humain défaillira, la personne se dissociera (se rendra dans un autre lieu de la conscience) ou l'esprit sera retiré du corps avant que l'angoisse ne devienne insupportable. J'ai l'impression que ce que la plupart des parents imaginent est dix fois pire que la souffrance réelle de leur enfant.

– Les enfants ne sont jamais seuls au Ciel. Les grands-parents, les tantes, les oncles, les animaux de compagnie bien-aimés et d'autres enfants entourent l'enfant qui est décédé. D'ordinaire, les enfants vivent de l'Autre côté avec les parents qu'ils ont connus lorsqu'ils étaient sur Terre, ou qui ont été leurs guides spirituels. Au Ciel, vous pouvez concrétiser le type de foyer que vous aimez, par conséquent, les enfants y mènent une vie à peu près normale, ils demeurent dans des maisons confortables et sont entourés de membres de la famille et d'amis aimants. Je n'ai jamais rencontré d'enfant décédé qui soit seul.

– La grande majorité des jeunes qui se suicident s'adaptent très bien au Ciel. Selon le mythe, les personnes qui se sont suicidées vont en enfer et expient leur « péché ». Le film *Au-delà de nos rêves,* avec Robin Williams, semblait mettre ce mythe en évidence. (Bien que, selon moi, le scénariste ait fait la réalisation d'une métaphore du suicide, beaucoup de gens à qui je parle l'interprètent littéralement.)

Le suicide *est* désapprouvé au Ciel, parce qu'il gaspille un corps qui aurait pu être utilisé au service de la lumière. Toutefois, personne ne juge les victimes de suicide, qui ne sont absolument pas jetées en enfer ou dans un cachot. Elles peuvent créer leur propre enfer par un extrême sentiment de culpabilité lorsqu'elles se rendent compte de la peine qu'elles ont causé aux parents qui leur survivent. Pourtant, la plupart des personnes décédées auxquelles j'ai parlé après leur suicide se pardonnent rapidement et pardonnent à ceux à qui elles en voulaient.

Les anges et les guides entourent ces personnes comme des conseillers en santé mentale. Vos prières peuvent aussi contribuer à l'édification et à la guérison spirituelle de ces personnes. Très souvent, elles se voient assigner certaines tâches communautaires, notamment celle de devenir des guides spirituels pour conseiller les personnes suicidaires afin d'empêcher leur passage à l'acte.

La culpabilité parentale semble aller de pair avec l'éducation des enfants et ce terrible sentiment est certainement aggravé lorsque vos enfants tombent malades, se blessent ou meurent. Pourtant, *Un cours en miracles* nous rappelle que la culpabilité n'est pas une forme d'amour ; c'est en réalité une agression déguisée. Lorsque nous le sentons, nous nous attaquons nous-mêmes et nous déprécions le libre arbitre de l'autre. La culpabilité est souvent de l'arrogance dans sa pire forme, comme lorsque nous imaginons que nous aurions pu intervenir et sauver cette vie. Peut-être aurions-nous pu, peut-être pas. Mais à quoi cela sert-il de repenser les faits lorsqu'ils se sont déjà produits ? Nos proches disparus, tout particulièrement nos enfants, veulent que nous soyons heureux. Et le meilleur chemin que je connaisse vers la joie, c'est celui de l'accomplissement d'une œuvre utile en utilisant nos talents, nos passions ou nos intérêts naturels.

Cette action peut constituer un mémorial vivant à l'enfant décédé, donner un sens à l'absurdité apparente de la mort. Par exemple, vous pourriez planter un arbre en l'honneur de l'enfant, organiser une marche de cinq kilomètres pour recueillir des fonds pour d'autres enfants dans la même situation, prendre la parole devant des groupes de parents sur un sujet en rapport avec la vie et la mort de votre enfant, inscrire au dos de votre permis de conduire votre signature pour le don d'organes (tout en vous assurant d'informer votre famille de votre désir à ce sujet), écrire un article sur votre enfant, donner son nom à une étoile et lancer une souscription en son nom. Que l'effort vous paraisse modeste ou d'un héroïsme monumental, votre enfant l'appréciera. Par ailleurs, il ou elle vous aidera à mener le projet à bien.

La vie continue

Dans les prochains chapitres, vous prendrez connaissance de certaines méthodes qui vous permettront de maintenir vivante votre relation avec vos proches par la communication spirituelle. Comme nous l'avons vu dans les deux chapitres précédents, les âmes veulent que nous continuions à vivre en santé, heureux et en étant utiles. C'est peut-être le plus beau monument vivant que nous puissions ériger à leur mémoire.

Chapitre Quatre

Comment savoir s'il s'agit vraiment de vos anges ou si c'est votre imagination ?

Une petite fille fixe l'espace par-dessus son épaule gauche, tout en discutant apparemment toute seule.

« À qui parles-tu, mon cœur ? lui demande sa mère.

– À mon ange », répond la petite fille d'un ton neutre.

Plus tard, la mère m'a raconté ceci et a ajouté : « Ce qui est drôle, c'est que nous ne sommes pas une famille pratiquante et que nous n'avons jamais discuté d'anges devant elle. Autant que je sache, elle n'avait jamais entendu parler d'anges. »

Partout dans le monde, j'ai entendu des parents raconter des histoires semblables. Les enfants sont indéniablement plus réceptifs que les adultes pour ce qui est de voir et d'entendre leurs anges. Et pourquoi, d'après vous ? Au cours de mes recherches, j'ai découvert que c'est principalement parce que *les enfants se moquent de savoir si les anges et leurs messages sont réels ou imaginaires.* Ils vivent simplement l'expérience sans remettre en question sa véracité. Peut-être est-ce pour cela que, selon une étude du Dr William MacDonald, de la Ohio State University, les enfants ont plus d'expériences psychiques vérifiables que tout autre groupe d'âge.

Nous, les adultes, sommes si mal à l'aise à l'idée d'imaginer la présence d'un ange que souvent, nous rejetons des conseils divins authentiques ! Si nous pouvions ressembler aux enfants et mettre pour un instant notre incrédulité de côté, nous pourrions vivre des expériences de Dieu et du royaume des anges plus profondes et plus enrichissantes.

Cependant, notre cerveau gauche d'adulte fait souvent la loi et exige des preuves. Il se peut que des expériences pénibles nous aient rendus méfiants à ce sujet. Nous voulons des garanties quant à l'amélioration de nos vies avant de décider de laisser notre emploi pour devenir travailleur autonome, ou de quitter la ville où nous avons grandi.

Par bonheur, certains critères nous aident à distinguer les expériences angéliques authentiques des vœux pieux (vœux fondés sur la peur). Ces expériences nous sont transmises par nos quatre sens divins : la vue, l'ouïe, la pensée et la sensibilité. Tous, nous recevons des messages angéliques grâce à ces sens. Toutefois, nous avons tous un sens principal avec lequel nous sommes particulièrement en harmonie. Par exemple, comme je suis très visuelle, mes expériences angéliques se produisent sous forme de visions. D'autres peuvent être plus en phase avec leur instinct, leur pensée ou leur oreille intérieure.

Ressentir les messages du Ciel

C'est par la sensibilité sur le plan émotionnel ou physique que la plupart des gens rencontrent leurs anges. Si vous êtes en train de recevoir une visite ou un message angélique, mais que vous n'en êtes pas sûr, vérifiez les critères suivants :

Une expérience angélique authentique faisant intervenir la sensibilité

Une telle rencontre peut :

- vous sembler chaleureuse et caressante, comme un câlin;

- vous procurer un sentiment de sécurité, même si elle vous avertit d'un danger ;
- souvent être accompagnée de parfums de fleurs ou de la senteur particulière de votre proche disparu ;
- laisser une empreinte sur le canapé ou le lit, comme si quelqu'un venait de s'asseoir à côté de vous ;
- provoquer un changement de température ou de pression atmosphérique ;
- vous donner la sensation que quelqu'un vous touche la tête, les cheveux ou l'épaule ;
- vous rendre ensuite somnolent ou hyperactif ;
- vous insuffler la conviction profonde que « c'est réel » ;
- vous donner la sensation instinctive et répétitive que vous devez changer quelque chose dans votre vie ou prendre une nouvelle direction ;

- vous donner l'impression qu'un être familier se tient à côté de vous, par exemple, un proche disparu ;

- vous sembler naturelle, comme si l'expérience se produisait spontanément.

Imagination ou conseils trompeurs faisant intervenir la sensibilité

Une telle expérience peut :

- sembler froide et irritante ;

- vous effrayer et vous faire paniquer ;

- n'avoir aucune odeur en rapport avec l'expérience, ou vous donner une sensation inconnue et déplaisante ;

- vous donner l'impression que quelqu'un vous caresse sexuellement (si cela se produit, il faut immédiatement appeler l'archange Michaël pour purifier l'énergie) ;

- rendre la pièce glaciale ;

- vous donner l'impression d'être totalement seul ;
- provoquer le retour rapide des sentiments normaux ;
- vous insuffler la conviction profonde que l'expérience est irréelle ;
- vous créer des sensations viscérales qui vous poussent à changer votre vie, mais avec différents thèmes et idées qui proviennent du désespoir plutôt que des conseils divins ;
- n'avoir aucune impression de familiarité avec l'expérience ;
- vous donner le sentiment de la contrainte, comme si vous aviez voulu faire intervenir l'expérience ou le conseil.

Recevoir les messages du Ciel sous forme de pensées

Vos expériences avec vos anges peuvent occasionner des idées, des révélations ou des pensées plutôt que des sentiments ou des sensations. Nombre de grands penseurs et inventeurs dans le monde reçoivent leurs idées novatrices des régions éthériques. Voici comment distinguer le vrai du faux :

Une expérience angélique authentique faisant intervenir la pensée

Une telle rencontre peut :

- mettre en jeu des idées cohérentes et répétitives ;
- avoir un thème central sur la manière de contribuer à résoudre un problème ou à aider les autres ;
- être positive et favoriser une autonomie accrue ;
- vous fournir des instructions claires en ce qui concerne les mesures à prendre dès maintenant et celles qui suivront une fois que vous aurez pris les premières ;
- vous apporter des idées stimulantes qui avivent votre énergie ;
- se produire de façon tout à fait inattendue ou en réponse à vos prières ;

- vous engager à progresser et à réaliser un certain travail ;

- sonner juste et avoir du sens ;

- être cohérente avec vos intérêts, vos passions ou vos talents naturels ;

- vous faire savoir qu'un de vos proches disparus se trouve près de vous, sans que vous le voyiez.

Imagination ou conseils trompeurs faisant intervenir la pensée

Une telle expérience peut :

- être inopinée et constamment changeante ;

- avoir comme thème principal la manière de vous enrichir ou de devenir célèbre ;

- être décourageante et abusive ;

- vous faire penser aux pires scénarios possibles ;

- se composer de pensées déprimantes et effrayantes ;

- donner lieu à des idées qui viennent lentement en réponse à vos soucis ;

- être un projet visant à vous enrichir rapidement ;

- sembler vaine et mal conçue ;

- être sans rapport avec vos entreprises précédentes ou vos intérêts ;

- avoir comme motivation principale le désir d'échapper à une situation, plutôt que d'aider les autres.

Être à l'écoute des messages du Ciel

C'est une banale plaisanterie d'étudiant en psychologie : entendre des voix est un signe d'aliénation mentale. Pourtant, nombre de saints, de sages et de grands inventeurs dans le monde ont reçu des conseils de cette façon. Avant de subir la tentative de vol de ma voiture, j'avais entendu une voix claire et forte me mettre en garde. Et des milliers de gens m'ont confié avoir reçu de semblables avertissements qui les ont sauvés, eux ou leurs proches, d'une façon qui défie toute explication rationnelle.

Il y a une différence claire et nette entre le fait d'entendre une voix divine authentique et celui d'écouter son imagination ou d'avoir une hallucination. Je vais vous donner des informations pour vous permettre de distinguer les messages de vos anges de ceux de votre imagination. Pour ce qui est des hallucinations, plusieurs scientifiques indiquent les principales distinctions :

- Le chercheur D. J. West a établi la différence entre une hallucination et une authentique expérience psychique : « Les hallucinations pathologiques ont tendance à s'en tenir à un schéma plutôt rigide, à survenir de façon répétitive au cours d'une maladie manifeste, mais pas à d'autres moments, et à être assorties d'autres symptômes, en particulier des troubles de l'attention et une perte de la conscience de l'environnement habituel. L'expérience psychique spontanée [qu'on appelle souvent aujourd'hui *paranormale*] est plus souvent une manifestation isolée en dehors de toute maladie ou trouble connu et pas du tout associée à une perte de contact avec l'environnement habituel. »[1]

- Le chercheur Bruce Greyson, a étudié 68 cas de personnes ayant subi des examens cliniques afin d'écarter la possibilité de schizophrénie. Le Dr Greyson a découvert qu'exactement la moitié de ces sujets disaient qu'un être cher décédé leur était apparu, alors qu'ils avaient les yeux physiquement ouverts.[2]

- Les chercheurs en parapsychologie Karlis Osis et Erlendur Haraldsson ont remarqué, qu'au cours de la plupart des hallucinations les sujets croient voir un être humain vivant. Pendant les expériences psychiques faisant intervenir des visions, ils croient voir un être céleste, comme un ange, un proche disparu ou un maître ascensionné. [3]

Le Ciel peut nous parler de différentes façons : au moyen d'une voix forte et désincarnée à l'extérieur de notre tête ; d'une voix paisible à l'intérieur de notre tête ; d'une conversation que nous surprenons « par hasard » ; d'une musique que nous entendons dans notre esprit ou de façon répétitive à la radio.

Une expérience angélique authentique faisant intervenir l'ouïe

- Les phrases débutent généralement par les pronoms *vous* ou *nous*.

- Vous avez le sentiment que quelqu'un d'autre vous parle, même si sa voix ressemble à la vôtre.

- Vous remarquez tout de suite le rapport existant entre le message et vos principales préoccupations ou interrogations.

- La voix est pertinente et directe.

- Elle est amicale et positive, même si elle vous avertit d'un danger.

- Elle vous demande de prendre immédiatement des mesures, y compris de changer vos pensées ou votre attitude afin de manifester plus d'amour.

- Vous pourriez entendre une voix vous appeler par votre nom au réveil.

- Vous entendez les accords d'une musique « céleste » merveilleuse et désincarnée.

- Vous recevez un message portant sur vos progrès personnels ou l'aide à apporter aux autres.

Imagination ou conseils trompeurs faisant intervenir l'ouïe

- Les phrases débutent généralement par le mot *je*.
- Vous avez l'impression de vous parler à vous-même.
- Le message est confus, sibyllin ou obscur.
- La voix est verbeuse et floue.
- La voix est sarcastique, alarmante ou cruelle.
- Il s'agit de commérages et de spéculations au sujet d'autrui.
- Vous entendez des mots injurieux.
- Vous entendez des bruits forts et désagréables ou de la musique discordante.
- Il s'agit d'un message destiné à vous blesser, vous ou les autres.

Voir les messages du Ciel

Vos expériences angéliques peuvent également impliquer ce que vous voyez, que ce soit à l'état de veille, de sommeil, ou de méditation. Il existe de nombreuses façons de distinguer les vraies visions de celles étant fausses.

Une expérience angélique authentique faisant intervenir la vue

- Les visites dans vos rêves semblent presque trop réalistes, et contiennent des couleurs et des émotions vives.

- Vous voyez des étincelles, des éclairs ou des brumes colorées.

- Il y a un sentiment de spontanéité et de naturel dans la vision.

- Vous voyez d'une façon récurrente — ce qui ne peut être le hasard — une plume, une pièce de monnaie, un oiseau, un papillon, un arc-en-ciel, une suite de nombres, etc.

- Vous recevez des visions en lien avec le fait d'être au service des autres, c'est-à-dire de vous-même en train d'aider les autres.

Imagination ou conseils trompeurs faisant intervenir la vue

- Vos rêves semblent ordinaires et vous les oubliez.
- Vous voyez les pires scénarios possibles sans recevoir de directives pour vous y soustraire.
- Vous avez le sentiment de forcer la vision à se produire.
- Vous cherchez un signe, mais vous trouvez des incohérences ou vous imposez à votre vision la signification que vous voulez.
- Vous recevez une vision axée sur l'ego : vous êtes en train de réaliser des gains aux dépens d'autrui.

Faire attention aux messages

Que vos messages angéliques vous arrivent par une vision, une voix, une idée, un sentiment ou une combinaison de ces quatre éléments, vous pouvez distinguer le vrai du faux en faisant attention aux critères énumérés dans le présent chapitre. Soyez certain que, si vous devez affronter un danger avant que votre heure de partir ne soit venue, vos anges vous donneront des conseils très clairs, peu importe leur forme. Les conseils au sujet de votre vie quotidienne pourraient vous apparaître très subtils, mais en lisant les chapitres suivants, vous verrez comment les rendre plus clairs et plus explicites.

Tout le monde a la capacité de communiquer avec ses anges, parce que toutes les personnes sont également « douées » spirituellement. Certaines peuvent sembler plus compétentes que d'autres sur le plan psychique, mais c'est seulement parce qu'elles sont prêtes à écouter et à croire leur être spirituel, et à lui faire confiance.

Le seul grand blocage que j'observe chez mes étudiants en développement psychique, c'est qu'ils s'efforcent trop intensément de vivre une expérience angélique. Ils veulent si désespérément voir et entendre un ange qu'ils fournissent un effort énorme pour y arriver. Mais chaque fois que nous faisons des efforts pour obtenir quelque chose, cela provient de la peur. Mentionnons notamment les sentiments d'anxiété suivants : « Peut-être ne serai-je jamais capable de voir ou d'entendre », « Peut-être n'ai-je pas d'anges », ou autre vague inquiétude liée à l'ego. L'ego n'est pas du tout psychique, il est entièrement basé sur la peur. Seul l'être supérieur fondé sur l'amour qui est en chacun de nous peut communiquer avec le Divin.

C'est pourquoi plus vous serez détendu, plus il vous sera facile de converser consciemment avec vos anges. La respiration est un merveilleux point de départ, comme l'est l'optimisme de nombreux enfants qui affirment : « *Bien sûr* que j'ai des anges. Tout le monde en a ! » Les enfants ne se soucient pas de savoir s'ils imaginent leurs visions angéliques, ils en profitent et les acceptent simplement. Par conséquent, les enfants voient et entendent facilement leurs anges gardiens. Si vous cessiez de vous inquiéter à propos de la réalité de votre lien divin, vous pourriez surmonter les blocages de l'ego et apprécier les dons naturels, et tout à fait réels, de votre être supérieur.

Les anges disent : « *La peur est un prédateur naturel du domaine psychique. Elle contrôle votre psyché et la dépossède de sa créativité ; elle exige aussi que vous l'autorisiez à dominer vos humeurs, votre emploi du temps et vos décisions. Elle vous affaiblit, vous qui êtes tout-puissant. Sous son commandement, vos capacités de prendre des décisions sont altérées. Ne permettez pas à la peur d'interférer avec votre domaine du bonheur, car c'est le royaume de Dieu et de ses grandes bénédictions. Vous êtes plus puissant que n'importe quelle force liée à l'anxiété. Votre volonté divine peut surmonter toutes les noirceurs du monde. La lumière de votre Créateur aveuglera toujours l'ennemi, si vous le voulez, et se concentrera sur le rayonnement qui est dans votre esprit.* »

Alors, au lieu de douter de notre capacité d'entrer en contact avec nos anges, examinons plutôt comment nous recevons déjà des messages du Ciel et comment nous pouvons encore améliorer cette communication. Dans les chapitres suivants, nous verrons comment accroître la quantité et la clarté des messages de vos anges.

Chapitre Cinq

Comment sentir vos anges ?

Lorsque des anges ou des proches disparus se rapprochent de vous, vous pouvez sentir leur présence. Les nombreuses personnes que j'ai interrogées se souviennent du moment où elles ont senti un esprit particulier très près d'elles. La plupart d'entre elles s'expriment ainsi : « Oui, j'ai pu sentir ma mère près de moi l'autre nuit. Cela semblait tout à fait réel, mais je me demande encore si c'était mon imagination. »

Vous avez peut-être tendance à ne pas tenir compte de votre intuition et à ne pas vous faire confiance. Combien de fois avez-vous eu l'intuition qu'il *ne fallait pas* entreprendre une relation avec une certaine personne, accepter un emploi, acheter un produit ou emprunter une route ? Combien de fois avez-vous passé outre vos sentiments et avez tout de même suivi votre idée pour le regretter ensuite ?

Que vous soyez ou non à l'écoute de votre intuition, ces situations vous offrent des occasions d'apprendre à faire confiance et, pour la prochaine fois, de suivre votre être supérieur. Ainsi, pour communiquer avec vos anges et vos proches disparus, vous devez avoir la conviction que votre sensibilité est un outil divin légitime et juste que Dieu a placé en vous. Si vous percevez la présence d'un être disparu, cela implique que vous croyez profondément avoir le pouvoir de distinguer cette personne d'une autre. Dans ce sens, nous sommes tous des médiums naturellement doués.

Lorsque vous exercez votre capacité médiumnique pour des inconnus, vous vous fondez sur les mêmes sentiments que ceux que vous utilisez quand vous le faites pour vous-même. Lorsque j'effectue une lecture pour quelqu'un que je ne connais pas, je m'assure tout d'abord de son intention de contacter ses proches disparus. La plupart de mes contacts sont visuels, parce que c'est mon principal moyen de communication divine, mais une grande partie de mon travail se base également sur la sensibilité.

Après la mort, les personnes conservent les caractéristiques énergétiques et les dimensions physiques de leur *moi* antérieur, et c'est ce que le médium voit. Les personnes qui voient apparaître leurs proches disparus disent que ceux-ci sont exactement comme ils étaient de leur vivant, mais simplement plus jeunes et plus rayonnants. J'ai constaté que les courants d'énergie des êtres décédés ressemblaient aux ondes du spectre lumineux : les personnes âgées ont des ondes énergétiques plus lentes et plus longues alors que les jeunes ont des vibrations plus rapides ; par ailleurs, les femmes ont des vibrations plus rapides que les hommes.

Il est possible d'entrer en contact uniquement par la sensibilité, en nous fondant sur la perception de ces vibrations qui sont semblables aux ondes de sonar. Chaque être a une « empreinte » unique liée à sa personnalité, à ses comportements, à ses habitudes et à d'autres critères distinctifs. Vous est-il déjà arrivé de rentrer chez vous et de sentir qui était là, même si vous viviez avec plusieurs personnes et n'aviez aucune preuve physique de leur présence ? Ou alors vous vous trouviez dans la cuisine en train de préparer un repas et vous avez entendu la porte d'entrée s'ouvrir : et sans vous servir de votre logique, vous pouviez détecter qui était arrivé ? Voici un autre exemple : quand vous entrez dans une pièce pleine de monde, vous pouvez sentir l'état d'esprit de la foule.

De la même façon, lorsque vos proches disparus sont proches de vous, ils émettent une énergie unique que vous pouvez ressentir. Quand je dirige des séances de médiumnité, je constate que 90 % de mes clients savent déjà qui est à côté d'eux, ils ne viennent à moi que pour faire valider leur sentiment. Pour une quelconque raison, ils ne veulent pas accepter la validité de leur intuition jusqu'à ce qu'un « expert » la leur confirme.

Vous pouvez imaginer la difficulté pour des médiums professionnels comme moi de prendre le risque de présenter publiquement ces séances à la télévision, dans des ateliers et des émissions de radio. La plupart du temps, lorsque je le fais, je n'ai aucune idée du sens de l'information que je transmets. Pourtant, je fais suffisamment confiance à ma sensibilité instinctive pour exprimer le message qui m'a été donné, et la plupart du temps mon client me dit : « Oui, c'est exactement cela ! ».Pour en arriver là, j'ai eu besoin de beaucoup de pratique, de nombreuses prières, de frôler la mort et de faire de nombreux essais et erreurs pour atteindre ce degré de confiance. Mon espoir, c'est que chacun atteigne cet état de confiance dans sa sensibilité émotionnelle et physique.

Des façons courantes de ressentir une présence spirituelle

Voici quelques façons courantes d'entrer en contact avec vos anges et vos proches disparus par le truchement de votre sensibilité :

- sentir leur eau de Cologne favorite ou tout autre parfum caractéristique ;
- sentir un parfum de fleur ou de la fumée alors qu'il n'y a ni fleurs ni feu aux alentours ;
- avoir l'impression que quelqu'un vous a touché, a caressé vos cheveux, vous a poussé, protégé, bordé ou enlacé ;
- sentir la présence de quelqu'un assis à vos côtés, et percevoir une empreinte sur le canapé ou le lit où l'être ou l'animal décédé vient de se trouver ;
- remarquer un changement de pression atmosphérique, une sensation de pression autour de la tête ou de poids sur le front, l'impression qu'une essence spirituelle se déplace dans votre tête ou que votre tête est poussée sous l'eau.

Vous pouvez également ressentir :

- un changement dans la température de l'air ;
- une soudaine euphorie ou une intense félicité ;
- l'impression profonde que cette expérience est vraiment réelle, même si vous êtes réticent à la partager avec les autres ;
- quelque chose de familier, qui provient d'une personne décédée que vous avez bien connue et qui flotte autour de vous.

Les expériences angéliques authentiques vous apportent un sentiment de chaleur, de sécurité, d'amour et de confort, tandis que les expériences trompeuses vous laissent une sensation de froid, d'irritation et de peur. Ces dernières peuvent provenir de l'ego ou d'un esprit de la Terre. Ces êtres craignent d'entrer dans la lumière divine après leur mort, soit parce qu'ils sont attachés à l'existence terrestre (par exemple par des possessions ou des dépendances) ou qu'ils craignent d'être jugés par Dieu et jetés en « enfer ». C'est pourquoi ces êtres restent près de la Terre et peuvent contrecarrer le bonheur des vivants. Vous pouvez trouver plus d'information sur ce sujet dans mon livre *La voie des artisans de lumière.*

Abordons maintenant un sujet « sensible » (sans vouloir faire un jeu de mots) : certains esprits de la Terre s'approchent des vivants pour obtenir des faveurs sexuelles. J'ai rencontré des veuves et des veufs qui trouvent du réconfort en poursuivant des relations intimes avec leur conjoint décédé. Mais ceci est entièrement différent des femmes adeptes du nouvel âge, que j'ai rencontrées récemment et qui racontaient franchement avoir des relations sexuelles avec des inconnus immatériels du monde des esprits. J'estime ces échanges spirituellement oppressants pour les vivants ; jamais un guide de haut niveau ou un ange n'approcherait un être humain pour lui demander de telles faveurs. Tandis que les femmes que j'ai interrogées mentionnaient presque toujours des expériences positives dans ces circonstances, j'ai clairement reçu le message que ces activités encouragent les êtres inférieurs de la Terre à rester avec nous. Ils peuvent aussi créer des obstacles à l'établissement d'une nouvelle relation ; les prétendants potentiels peuvent inconsciemment sentir la présence d'une autre personne qui occupe déjà la place.

Des rencontres de bas niveau comme ces dernières vous laisseront une sensation de vide, alors qu'un authentique contact vous rappellera que vos anges et vos proches disparus sont toujours auprès de vous. Comment pouvez-vous dire si c'est un ange ou un être cher disparu qui vous aide ? L'énergie d'un ange vous élèvera d'une façon inexplicable. Vous serez soudainement submergé d'amour ou de joie sans savoir pourquoi, ou vous ressentirez quelque chose d'extrêmement fort et profond... et si vous en tenez compte, votre vie s'en trouvera transformée de façon heureuse et miraculeuse. Un proche disparu vous paraîtra très familier et vous serez probablement en mesure de l'identifier, grâce, peut-être, à la sensation d'une accolade ou d'une caresse, à l'impression d'un changement atmosphérique ou d'une odeur particulière.

Vous pouvez aussi utiliser votre sensibilité pour tester une sensation intuitive et remarquer comment vous réagissez. Par exemple, imaginons que vous ayez une forte envie de déménager dans un nouvel endroit. Mais vous vous trouvez en conflit : vous vous demandez en quoi ce changement risque de toucher votre famille, vos amis et votre carrière. Bien que certains de ces facteurs ne vous semblent pas encore clairs, vous pouvez « essayer de voir comment sera votre avenir » et mieux comprendre les conseils divins.

Imaginez ce que cela serait de continuer à vivre là où vous êtes actuellement et concentrez-vous sur vos sentiments. Votre cœur est-il soulagé, triste, joyeux ou éprouvez-vous une autre émotion ? Sentez-vous une certaine partie de votre corps se contracter ou se détendre en réaction à votre image mentale ?

Maintenant, comparez vos sensations émotionnelles et physiques lorsque vous imaginez ce que signifierait votre déménagement. Vos sentiments sont des indicateurs très exacts des désirs de votre âme et de votre volonté divine qui fait une avec la volonté de Dieu.

Comment augmenter votre « clairsentience ou sensibilité psychique ? »

Si vous n'avez généralement pas de sentiments émotionnels ou de sensations physiques fortes, vous pouvez utiliser les méthodes suivantes pour ouvrir cet important canal de communication céleste. Lorsque vous devenez plus réceptif à vos émotions et à vos sensations, votre vie devient plus riche et vos relations plus profondes ; vous ressentez également plus de compassion et d'amour divin, vous comprenez plus facilement les autres, vous devenez plus équilibré et êtes plus apte à remarquer et à suivre votre intuition.

Voici quelques étapes qui amélioreront votre clairsentience :

– Dormez avec des cristaux de quartz clair. Vous pouvez vous procurer, à vraiment peu de frais, une « pointe » de cristal clair (cylindre avec une pointe au bout) dans toutes les librairies spécialisées en ouvrages métaphysiques ou les boutiques de pierres. Placez le ou les cristaux au soleil pendant au moins quatre heures pour nettoyer les résidus psychiques du propriétaire précédent. Puis, posez-en un ou plusieurs sur votre table de nuit ou sous votre lit. S'ils sont sur la table de nuit, disposez-les sur le côté, la pointe vers votre tête. Si les cristaux sont sous votre lit, dressez-les en dirigeant la pointe vers votre tête ou votre cœur.

À mesure que vous serez plus réceptif, vous devrez probablement déplacer les cristaux pour en éloigner de vous les pointes. Il se peut même que vous ayez à les replacer plus loin de votre lit. Les personnes ayant une sensibilité psychique extrêmement développée souffriront parfois d'insomnie lorsque les cristaux sont trop proches de l'endroit où elles dorment.

— Travaillez avec l'arôme de roses roses ou d'huile essentielle de rose. L'arôme de roses roses ouvre le chakra du cœur, qui est le centre d'énergie régissant la clairsentience. Gardez une rose rose près de vous et respirez-en souvent le parfum, ou achetez une huile essentielle de grande qualité faite à partir de vraies roses et non de parfum synthétique. Placez cette huile sur votre cœur et appliquez-en quelques gouttes près de votre nez pour en sentir fréquemment le parfum.

– **Portez un collier de quartz rose.** Le cristal de quartz rose ouvre le chakra du cœur, tout comme les roses roses. Cette magnifique pierre rose est en résonance avec le chakra du cœur. En plus d'activer votre clairsentience, le cristal de quartz rose peut vous aider à vous ouvrir aux bienfaits de l'amour dans votre vie.

– **Augmentez votre sensibilité aux exercices de contact physique.** Fermez les yeux et prenez un objet sur votre bureau. Touchez-le lentement et posément, en remarquant les moindres détails et la texture. Frottez-le sur le dos de votre main et de votre bras, et prenez conscience des sensations. Demandez à un ami en qui vous avez confiance de vous bander doucement les yeux et de vous mettre dans la main des objets inconnus à palper ou des aliments à goûter. Concentrez-vous sur vos sensations physiques et émotionnelles et essayez de reconnaître chacun des éléments.

– **Réveillez votre corps au moyen d'exercices cardiovasculaires et d'une alimentation légère.** Quand vous vous sentez fatigué, lourd ou léthargique, il vous est plus difficile de discerner vos sentiments. La course, la marche rapide, le yoga ou tout autre exercice cardiovasculaire vous aide à comprendre très précisément la signification et les messages qui inspirent votre clairsentience. De même, manger légèrement et sainement vous empêche de vous alourdir. Une sensation de lourdeur ou de saturation de nourriture peut entraver votre conscience en ce qui concerne les messages et les conseils divins. Tout ce qui peut permettre à votre corps de se sentir mieux, soit un massage, une sieste ou un bain moussant, augmentera votre sensibilité aux intuitions.

Se protéger

Les personnes dotées de clairsentience se plaignent souvent qu'elles sont *trop* réceptives. « J'absorbe l'énergie toxique qui se dégage des problèmes des autres » et « je me sens envahi, parce que je sens toutes les émotions des autres » sont les deux principales plaintes de ces personnes très tournées vers la sensibilité.

L'ironie, c'est que les êtres dotés d'une telle sensibilité choisissent souvent des professions qui accroissent leurs chances d'avoir des contacts physiques avec les autres. Le massage, la guérison énergétique, la médecine et le *counseling* sont parmi les occupations les plus répandues chez ceux qui appréhendent le monde avec leur sensibilité. Ils sont excellents dans ces professions, mais ils doivent prendre des mesures pour veiller à ne pas absorber le résidu des émotions négatives de leurs clients.

Il existe deux manières de remédier à ce problème : les mesures préventives et les actions de purification. Les mesures préventives consistent à vous protéger des énergies toxiques d'autrui. Les actions de purification permettent la libération de toutes les énergies que vous *absorbez*, y compris celles qui émanent de vos propres sentiments de peur.

Protection

Les mesures préventives sont un peu comme le contrôle des naissances, elles ne sont pas efficaces à 100 %, mais elles offrent une protection considérable. Il existe des dizaines de façons de vous protéger ; voici mes deux préférées :

1. La musique : Les anges disent que la musique joue le rôle de bouclier psychique en nous entourant d'une énergie protectrice. Dans des situations de stress, c'est donc une bonne idée d'avoir continuellement de la musique autour de nous.

La musique n'est pas seulement une mesure préventive, c'est également une mesure de purification. L'archange Sandalphon est l'ange de la musique qui collabore avec l'archange Michaël pour vous débarrasser des effets des énergies négatives. Appelez Sandalphon pour vous aider à choisir la musique appropriée à diverses situations. Lorsque vous méditez, faites jouer un CD et demandez à Sandalphon de veiller à ce que la mélodie vous protège et vous purifie.

2. La lumière rose : Les anges m'ont enseigné cette méthode un jour que j'étais au gymnase. J'ai salué une femme que je n'avais encore jamais rencontrée et qui s'est trouvée en même temps que moi dans la salle d'haltérophilie. Elle a commencé à me raconter dans les moindres détails ses nombreuses opérations médicales. Je comprenais qu'elle avait besoin de s'exprimer et qu'elle souhaitait une oreille attentive, mais je savais aussi qu'elle dégageait une énergie toxique avec ses interminables discours sur les maladies.

J'ai mentalement appelé mes anges à l'aide. « *Enveloppez-vous d'un tube de lumière rose* », m'ont-ils immédiatement conseillé. Je me suis visualisée entourée d'un grand cylindre de lumière rose comme si j'étais à l'intérieur d'un tube de rouge à lèvres de la tête aux pieds.

Les anges m'ont également rappelé ceci : « *Vous n'avez jamais aimé vous protéger avec de la lumière blanche, parce que vous aviez l'impression d'être coupée du reste du monde. Puisque votre mission dans la vie vous appelle précisément à entrer en relation avec les gens et à ne pas vous isoler (comme vous l'avez fait dans votre plus récente vie passée), vous devez éviter d'utiliser un bouclier de lumière blanche.* »

Leurs mots étaient justes. Même si je connaissais tout des méthodes de protection, je les utilisais rarement parce que je voulais être présente pour mes clients. J'ai travaillé une fois avec un psychiatre qui recevait les gens assis derrière un gigantesque bureau en chêne. J'ai toujours pensé qu'il s'en servait comme d'un tampon pour éviter l'intimité émotionnelle avec ses patients ; c'était aussi un symbole de pouvoir. Je ne voulais pas employer de lumière blanche pendant mes consultations, parce que j'avais l'impression de m'isoler de mes clients.

Les anges m'ont redit : « *Remarquez combien cette lumière rose est différente. Voyez comme elle irradie vers cette femme l'intense énergie d'amour divin. Remarquez aussi combien elle projette en vous-même une énergie céleste merveilleusement forte. Et rien ne peut traverser cet écran de lumière rose, sauf les énergies émanant de l'amour divin. Ainsi, vous pouvez être parfaitement à l'écoute de cette femme sans absorber vous-même ses illusions de souffrance.* »

Depuis ce jour, j'ai pratiqué cette technique et j'ai obtenu de bons résultats ; j'ai, en outre, reçu des commentaires positifs de ceux à qui je l'ai enseignée. Merci, les anges !

Purification

Parfois nous sommes fatigués, irritables ou déprimés sans savoir pourquoi. La responsabilité en incombe souvent à notre contact avec d'autres personnes à l'état d'esprit négatif. Si vous travaillez dans une profession d'aide, votre exposition aux émotions toxiques est particulièrement élevée et il est essentiel de vous purifier régulièrement de ces énergies.

Voici mes trois méthodes de purification favorites :

1. **Les plantes :** La façon la plus simple de vous débarrasser des débris psychiques est probablement de faire appel à Mère Nature. Tout comme les plantes convertissent le dioxyde de carbone en oxygène frais, elles transforment aussi les énergies inférieures. La verdure est particulièrement utile pour débarrasser votre corps des toxines énergétiques.

Les anges nous conseillent vivement, à tous, de garder une plante près de notre lit : une plante en pot sur la table de nuit peut accomplir des miracles pendant votre sommeil ! Elle absorbe la lourde énergie que vous avez ingérée pendant la journée et l'envoie dans les espaces célestes. Ne vous inquiétez pas... cela ne nuira pas à la plante.

Si vous travaillez avec autrui de quelque façon que ce soit, mais en particulier comme massothérapeute ou conseiller (vous êtes alors réceptif à la négativité dégagée par vos clients), placez des plantes près de votre poste de travail. Vous vous sentirez plus frais et dispos à la fin de la journée en adoptant cette simple mesure ! Les anges disent que ce sont les plantes munies de larges feuilles qui travaillent le mieux, parce que les larges feuilles absorbent de plus grands champs d'énergie. Ainsi, un pothos ou un philodendron seraient un bon choix. Évitez de vous entourer de plantes à feuilles piquantes ou pointues. Chose intéressante, le feng shui, ancien art chinois de la disposition, recommande également de se tenir éloigné des variétés à feuilles pointues. Apparemment, leurs feuilles en forme d'épée ne favorisent pas le flux d'énergie positive.

2. Couper les cordes éthériques : Toute personne qui travaille avec autrui, professionnellement ou bénévolement, devrait connaître les cordes éthériques et savoir comment s'en servir. En fait, chaque fois qu'une personne établit avec vous des liens qui sont fondés sur la peur (notamment la peur que vous la quittiez ou la croyance que vous êtes sa seule source d'énergie ou de bonheur), une corde se tisse entre vous deux. Quiconque est clairvoyant peut la voir, et quiconque est intuitif peut la palper.

Les cordes ressemblent à des tubes chirurgicaux et fonctionnent comme des tuyaux pour l'essence.

Lorsqu'une personne qui a besoin d'attention s'attache à vous, elle aspire votre énergie par cette corde éthérique. Il se peut que vous n'en soyez pas conscient, mais que vous en sentiez les effets : vous vous sentez fatigué ou triste sans en connaître la raison. Eh bien ! c'est parce que la personne à l'autre bout de la corde a pompé votre énergie ou vous a envoyé de l'énergie toxique par la corde.

Ainsi, chaque fois que vous aidez quelqu'un ou que vous vous sentez léthargique, triste ou fatigué, c'est une bonne idée de « couper la corde ». En rompant ce lien, vous ne rejetez ni n'abandonnez la personne ; vous n'en divorcez pas non plus. Vous sectionnez simplement la partie non fonctionnelle, craintive et dépendante de la relation. La partie aimante reste attachée à la relation.

Pour couper vos liens, dites mentalement ou à haute voix :

Archange Michaël, je fais appel à vous maintenant. Veuillez couper les cordes de la peur qui drainent mon énergie et ma vitalité. Merci.

Puis, gardez le silence pendant quelques instants. Inspirez et expirez profondément pendant cette opération, car le souffle ouvre la voie aux anges pour vous aider. Vous sentirez probablement des cordes coupées ou tirées hors de vous.

Vous ressentirez peut-être aussi un changement dans la pression atmosphérique ou d'autres signes tangibles vous informant que la corde est en train d'être coupée.

À ce moment, les personnes se trouvant à l'autre bout de la corde penseront à vous sans savoir pourquoi. Vous pourrez même constater que vous avez reçu une quantité de messages téléphoniques et électroniques anodins de personnes auxquelles vous étiez « attaché ». Ne vous sentez pas coupable à leur sujet. N'oubliez pas que *vous* n'êtes pas leur source d'énergie ou de bonheur ; c'est Dieu. Chaque fois qu'une personne s'attachera à vous par peur, la corde se reformera ; continuez à la couper au besoin.

3. Faire le vide : Lorsque nous nous inquiétons au sujet de quelqu'un, que nous nous reprochons la détresse d'une personne, ou faisons un massage à un être qui souffre émotionnellement, nous pouvons prendre son énergie psychique négative en raison d'une forme erronée d'aide. Cela arrive à tout le monde, en particulier aux artisans de lumière qui sont extrêmement préoccupés, souvent à leurs dépens, par l'aide à apporter aux autres. Les anges nous proposent des méthodes telles que celle-ci pour nous aider à rester équilibré dans notre travail. Ils veulent que nous aidions les gens, mais pas que nous nous blessions au cours de ce processus. Il faut savoir rester réceptif pour recevoir l'aide des autres, y compris des anges. De nombreux artisans de lumière sont extraordinaires pour apporter de l'aide, mais ils sont moins bons pour ce qui est de la recevoir. Voici une méthode pour vous aider à compenser cette tendance.

Pour faire le vide en vous avec l'aide des anges, dites mentalement : « Archange Michaël, je fais appel à vous maintenant pour nettoyer et évacuer les effets de la peur. » Alors, vous verrez mentalement ou vous ressentirez un être de grande taille : c'est l'archange Michaël. Il sera accompagné par de petits anges connus sous le nom de « la milice de miséricorde ».

Remarquez que l'archange Michaël porte un tube à aspiration. Observez le moment où il le pose sur le haut de votre tête (à l'endroit du « chakra de la couronne »). Vous devez décider la vitesse de l'aspiration : très rapide, rapide, moyenne ou basse. C'est à vous également d'indiquer où placer le tube pendant le processus de purification. Dirigez-le mentalement à l'intérieur de votre tête, de votre corps et autour de vos organes. Faites le vide partout en vous, jusqu'au bout des doigts et jusqu'à la pointe des orteils.

Vous pouvez voir ou sentir des masses de saleté psychique s'écouler par le tube d'aspiration, exactement comme si vous nettoyiez la saleté de votre tapis. Tous les éléments qui entrent dans l'aspirateur sont traités à l'autre bout avec humanité par la milice de miséricorde qui rencontre et escorte les éléments vers la Lumière. Continuez à vider les débris psychiques jusqu'à ce qu'il n'en reste plus aucun dans le tube.

Dès que vous êtes « dégagé » et clair, l'archange Michaël inverse le mécanisme afin qu'une lumière blanche, épaisse comme de la pâte dentifrice, se manifeste dans le tube. C'est une sorte de matériel de « calfatage » qui remplira les espaces qui contenaient précédemment de la saleté psychique.

La technique du vide ou de l'évacuation est l'une des plus puissantes que j'aie jamais essayées. Vous pouvez également utiliser cette méthode sur d'autres, en direct ou à distance. Gardez simplement à l'esprit l'intention de travailler avec eux et cela se fera. Même si vous ne voyez ou ne sentez rien clairement au cours du processus ou que vous vous demandez si vous avez raison d'agir ainsi, les résultats seront manifestes. Beaucoup de personnes constatent une amélioration dans leur dépression et la disparition de leur colère après une séance d'évacuation.

Soyez en contact avec vos sentiments

Avec de la pratique, vous serez de plus en plus à l'écoute de vos sentiments et vous ferez davantage confiance à leur sagesse. Si vous ajoutez à votre répertoire spirituel le pouvoir de vos pensées et de vos idées, vous disposerez de deux autres routes libres pour recevoir et suivre les conseils divins. Dans le chapitre suivant, nous examinerons le pouvoir de la clairconnaissance, soit les pensées venant du Ciel.

Chapitre Six

Comment reconnaître et recevoir des idées divines et des pensées profondes ?

Si vous avez quelques éléments de connaissance dont vous êtes sûr, sans pourtant savoir *d'où* ils viennent, cela s'appelle la *clairconnaissance,* ou « connaissance claire ». Il vous est peut-être arrivé de discuter avec quelqu'un d'un sujet que vous ne connaissiez que vaguement, et au fond de vous ont surgi un ou deux faits, dont vous étiez sûr, sans preuve à l'appui. Votre interlocuteur vous a demandé : « Mais comment le savez-vous ? » et vous ne pouviez que lui répondre : « Je le sais, c'est tout. »

Au cours de votre vie, vous avez probablement été parfois surnommé « Je-sais-tout », et il y a là un fond de vérité. Vous savez beaucoup de choses, mais vous êtes totalement incapable de dire d'où vous viennent ces connaissances.

Beaucoup de grands inventeurs, scientifiques, auteurs, futurologues et dirigeants ont utilisé leur don de clairconnaissance pour entrer dans l'inconscient collectif et accéder à de l'inspiration et de nouvelles idées. Thomas Edison, par exemple, disait : « Tout progrès, tout succès vient de la pensée. » On a dit qu'Edison et d'autres grands inventeurs méditaient jusqu'à ce qu'ils reçoivent un flux d'inspiration et d'idées.

La différence entre quelqu'un qui ne fait que recevoir de l'information et quelqu'un qui en tire également profit, c'est la capacité d'accepter ce qui survient comme quelque chose d'utile et de particulier. Ainsi, de nombreuses personnes dotées de clairconnaissance (ou « clairconnaissants ») se désintéressent de l'information qui leur est transmise parce qu'ils l'estiment d'une évidence aveuglante pour les autres. « Tout le monde sait cela », se disent ces personnes. Puis, deux ans plus tard, elles découvrent que la brillante idée qu'elles avaient conçue a été mise en œuvre et commercialisée par quelqu'un d'autre. Par conséquent, la difficulté pour ceux qui reçoivent leurs conseils divins sous forme de pensée, d'idée ou de révélation, c'est d'accepter qu'il s'agit d'une information unique qui *pourrait être en fait la réponse à leur prière.*

Imaginons que vous ayez prié afin de recevoir des conseils divins pour vous aider à quitter votre emploi et vous mettre à votre compte. Il vous vient alors l'idée d'une entreprise qui aiderait les autres et cette pensée vous revient sans cesse (deux caractéristiques des conseils divins authentiques). Allez-vous ignorer cette idée et penser : « Bien sûr que tout le monde rêve de se mettre à son compte ; il est évident que je prends mes rêves pour des réalités » ?

J'ai constaté que les personnes dotées de clairconnaissance ont intérêt à passer du temps loin de leur ordinateur et de leur bureau pour aller dans la nature et prendre un bol d'air frais. De nombreuses personnes cérébrales mènent une vie centrée sur le travail, d'où un besoin d'équilibre par du conditionnement physique, des divertissements, des réunions de famille, de la spiritualité et des relations. Même un minimum de temps consacré à ces activités peut aider un « clairconnaissant » à ressentir plus clairement les idées qui sont issues de l'Esprit infini.

Jugement et discernement

Ceux qui privilégient la « pensée » pour communiquer avec les anges peuvent avoir un quotient intellectuel (QI) plus élevé que la moyenne. Ce sont généralement des lecteurs assidus qui s'intéressent à de multiples sujets, ce qui leur vaudrait ce résultat au test de mesure du QI.

Un des éléments clés pour accéder à cette conscience intellectuelle, c'est la capacité de différencier le discernement du jugement. Il existe entre ces deux comportements intellectuels des différences fondamentales qui peuvent être déterminantes pour les résultats spirituels.

Commençons par le tabagisme. Vous connaissez probablement beaucoup d'études qui associent cette habitude à diverses maladies et à des risques pour la santé. En utilisant le discernement, nous dirions : « Ni le tabagisme ni les fumeurs ne m'attirent. Je me moque de l'odeur ou des effets de la cigarette. » En nous servant du jugement, nous dirions : « Fumer est mauvais. Les fumeurs sont de mauvaises personnes. » Vous remarquez la différence ? Le discernement fonctionne en vertu de la « loi de l'attraction », qui vous demande simplement de respecter vos préférences personnelles sans les étiqueter ni les condamner.

Dans la même veine, lorsque vous ne savez pas avec certitude si une idée vous vient de Dieu, prêtez une attention particulière à vos mécanismes internes de discernement. Le vieil adage : « Dans le doute, abstiens-toi » renferme une grande sagesse. Votre ordinateur interne sait si quelque chose est hors propos. Vous n'avez peut-être pas besoin de rejeter totalement une idée, mais vous pourriez la repenser ou en réviser certains éléments.

Vous pourriez avoir besoin de trouver des spécialistes dans des domaines qui sont en dehors de vos compétences. Si c'est le cas, demandez mentalement à Dieu et à vos anges de vous mener vers ces personnes et vous serez heureux de voir la rapidité avec laquelle elles viendront vers vous.

J'ai moi-même fait cette expérience lorsque j'ai senti que je devais écrire un livre sur le végétarisme. Je savais qu'il me fallait un collaborateur qui soit un diététicien autorisé et ait un intérêt pour la spiritualité, en plus de connaître le végétarisme. Avec une entière confiance, j'ai demandé cette personne à Dieu. Trois semaines plus tard, à un de mes ateliers, une diététicienne autorisée, Becky Prelits, se présentait à moi. Elle était venue me parler, parce qu'elle était très engagée dans l'enseignement et la vie spirituelle. J'ai tout de suite pensé : *C'est la femme que je cherche !* Plus je parlais avec Becky, plus j'étais convaincue qu'elle était la spécialiste que j'avais demandée dans mes prières. Aujourd'hui, Becky et son mari Christopher sont de grands amis de mon mari Steven et de moi-même. Notre livre, *L'alimentation éclairée : Comment passer au végétarisme dans son cheminement spirituel,* a d'ailleurs été publié par les Éditions AdA en 2008.

Des situations courantes permettant de reconnaître la clairconnaissance

Voici quelques-unes des situations où vous pouvez avoir reçu un message divin par la pensée :

- Vous avez rencontré une personne que vous ne connaissiez pas et immédiatement vous avez su à son sujet des détails que vous ignoriez auparavant.

- Vous aviez des informations à propos d'un sujet d'actualité sans avoir lu ou entendu quoi que ce soit à ce sujet.

- Vous avez eu une prémonition en ce qui concerne l'évolution de certains événements (notamment un voyage d'affaires, un voyage touristique ou une relation) et vous aviez raison.

- Vous avez eu l'idée d'une occasion d'affaires, d'un livre ou d'une invention qui vous obsédait. Vous avez concrétisé l'idée et constaté qu'elle fonctionnait bien. Ou vous l'avez ignorée, puis vous avez découvert que quelqu'un d'autre ayant la même idée l'avait mise sur le marché et fait fortune.

- Vous avez perdu votre carnet de chèques, vos clés ou votre porte-feuille ; lorsque vous avez demandé aux anges où ces objets se trouvaient, vous avez tout à coup reçu une information intuitive qui vous y a mené directement.

La clairconnaissance divine et authentique est répétitive et positive. Elle vous parle des moyens par lesquels vous pouvez améliorer votre vie et celle des autres. Elle est axée sur les services à rendre à autrui et, même si une idée peut vous rendre riche et célèbre, il s'agit d'un avantage secondaire et *non* de la motivation qui inspire le concept. En fait, c'est en général ce genre d'idées altruistes qui bénéficient à leurs inventeurs. Ceux qui font des affaires de façon intéressée font souvent fuir les clients potentiels, lesquels perçoivent les valeurs creuses qui se cachent derrière une idée. Mon éditrice et conseillère, Louise L. Hay, m'a dit une fois que ses finances s'étaient enfin améliorées quand elle avait commencé à se centrer sur l'idée de servir plutôt que sur celle de gagner. Lorsque j'ai appliqué ce principe à ma propre vie, j'ai constaté les remarquables effets curatifs sur mon degré de bonheur ainsi que sur ma carrière et mes revenus.

La clairconnaissance authentique vous aide à faire quelque chose qui aidera vraiment les autres, de sorte que cela incitera les gens à vous choisir comme client, commanditaire, spectateur, éditeur, et ainsi de suite. Cette force vient du Créateur, qui connaît vos véritables talents, passions et intérêts et la manière dont ces caractéristiques peuvent servir à aider les autres. À l'époque de la Bible, l'argent était désigné par le terme « talents », et *vous* avez des talents, c'est-à-dire de l'argent, si aujourd'hui vous les échangez.

L'authentique clairconnaissance ne se contente pas de nous faire miroiter un rêve puis de nous tourmenter jusqu'à ce que nous découvrions comment le réaliser. Non ! Elle nous donne des directives complètes point par point. L'astuce consiste cependant à nous souvenir que Dieu ne nous enseigne qu'une étape à la fois. Nous recevons cette information sous forme de pensées répétitives (ou de sentiments, de visions ou de paroles, selon notre orientation spirituelle) qui nous disent de *faire quelque chose.* Ce « quelque chose » semble généralement insignifiant : appeler une personne, rédiger une lettre, aller à une réunion, lire un livre, par exemple. Si nous suivons les directives et menons bien la première étape, alors nous recevrons, de la même façon répétitive, les directives suivantes pour la deuxième étape. Étape par étape, Dieu nous guide jusqu'à la réalisation prévue.

Nous jouissons toujours du libre arbitre ; aussi pouvons-nous à tout moment ignorer les conseils. Toutefois, la plupart des gens constatent que, s'ils n'accomplissent pas une des étapes divines, ils se retrouvent coincés comme si les roues de leur véhicule patinaient dans la boue. Je demande toujours à ceux qui me disent qu'ils sentent un blocage : « Quel conseil divin avez-vous répétitivement reçu et ignoré ? » Je constate toujours que ce conseil (qu'ils ont évité de suivre parce qu'ils avaient peur d'apporter un changement à leur vie) est l'élément clé qu'ils recherchaient.

Les anges vous donnent des idées en réponse à vos prières pour vous orienter. Vous recevez ces messages divins quand votre esprit est réceptif, notamment pendant un rêve, une méditation, un exercice ou même lorsque vous regardez une émission de télévision ou un film (alors que votre esprit est sur le pilote automatique). Vous vous sentez passionné et dynamisé par les idées d'origine divine, et il est important de ne pas les contrecarrer par des pensées pessimistes. L'idée semble légitime et vous savez, tout au fond de votre âme, qu'elle est bien vraie ! Bien sûr, une idée peut aboutir à un échec. *Mais aussi à une réussite !* Et c'est le fait d'essayer qui donne un sens à votre vie à la fin de la journée.

Si vous avez connu des expériences négatives en suivant des impulsions par le passé, il se peut que vous vous sentiez un peu échaudé, et c'est compréhensible. Vous pouvez avoir décidé de ne plus prendre aucun risque et d'éviter tous les grands changements dans votre vie. C'est très bien tant que vous êtes heureux dans l'état actuel des choses ! Mais s'il y a un domaine de votre vie qui est déséquilibré, il est naturel pour vous-même (ainsi que pour Dieu et les anges) de vouloir redresser la situation. Cela s'appelle rétablir « l'homéostasie », qui est le besoin instinctif de toute vie d'atteindre l'équilibre.

Scepticisme, pragmatisme et foi

Plus que pour les autres formes de conseils divins, la personne dotée de clairconnaissance a tendance à douter quand il s'agit de la foi. Si vous êtes cérébral, il est facile de vous considérer comme un bloc de scepticisme. La foi semble illogique et s'appuie sur des facteurs non tangibles.

Pourtant, un bon scientifique fait toujours des expériences avant de tirer des conclusions. Que votre hypothèse soit en faveur de la croyance dans les anges ou non, prenez le temps de tester la théorie. Par exemple, Dieu et les anges entendent vos pensées (ne soyez pas inquiet ; ils ne les jugent pas), c'est pourquoi vous pouvez appeler le Ciel sans faire sourciller vos collègues.

Demandez mentalement à vos anges de vous aider dans un secteur de votre vie personnelle ou professionnelle. Puis, observez l'aide qui vous arrive après avoir présenté votre demande.

Vous pourriez recevoir une réponse instantanée, comme une forte impulsion ou idée, ou recevoir la réponse d'une manière plus tangible, par exemple une personne qui à ce moment précis vous tend un article dans une revue contenant l'information que vous cherchez. Les deux éléments clés de cette expérience sont les suivants : 1 - *demander* des conseils (la loi sur le libre arbitre empêche le Ciel de vous aider sans votre permission) et 2 - *noter* l'aide que vous recevez.

Être conscient de ce type d'aide n'a rien à voir avec la chasse effrénée menée en vue de trouver des solutions. Les conseils trompeurs sont toujours le fruit de luttes et de soucis. L'inspiration divine authentique vient de façon naturelle sur les ailes de l'amour.

Je constate que la plupart des personnes dotées de clairconnaissance ont eu des expériences avec leurs proches disparus au cours desquelles elles savaient qu'un de leurs grands-parents ou parents, ou alors un autre proche, se tenait près d'elles. Sans voir ou sentir réellement la présence de la personne décédée, ils ont eu la *connaissance intuitive* de sa proximité. Cette même connaissance crée chez les « clairconnaissants » des chocs psychiques dans leur carrière, leur famille et leur santé. Sans connaître la source de leur connaissance, ils reçoivent des informations qui sont à la fois exactes et utiles.

Plus vous apprendrez à faire confiance à ces informations et à en tenir compte, plus vous profiterez de votre système d'orientation interne. Il peut, par exemple, vous venir à l'idée de créer un nouveau commerce. L'idée est infaillible et vous vous demandez pourquoi vous n'y avez jamais pensé avant. Vous allez de l'avant et toutes les portes s'ouvrent devant vous : vous trouvez notamment le financement, l'endroit et les partenaires. Le commerce connaît un succès rapide et vous savez que vous avez été guidé par la sagesse divine authentique.

Le programme d'accompagnement spirituel

Beaucoup d'êtres dans le Ciel voudraient vous aider, mais ils ne sont pas tous vos anges gardiens. Certains sont des gens ordinaires qui sont décédés et qui ont un grand désir d'enseigner et d'aider ceux qui sont vivants. Nombre d'entre eux sont extrêmement doués et accomplis et ils constituent ce qu'on appelle « le programme d'accompagnement spirituel ».

Sur Terre, un mentor est une personne accomplie dans le domaine que vous avez choisi, qui vous montre les ficelles et vous donne des conseils, une orientation et des recommandations. Le programme d'accompagnement spirituel est similaire, dans la mesure où vous êtes confié à un expert qui passe du temps à vous guider dans le processus relatif à la vocation ou à la profession que vous avez choisie.

Vous pouvez travailler avec une personne décédée célèbre ou inconnue, mais grande dans le monde spirituel. La plupart sont très heureux de transmettre leur savoir. Aider les autres donne un sens à leur vie, de la même façon que vous aimez effectuer des travaux qui rendent service. Et vous n'avez rien à payer pour leur aide, vous pouvez les rencontrer chez vous, en pyjama !

Quand j'ai senti la première fois que je devais contacter un mentor, j'ai choisi un auteur particulier que j'admire énormément (il m'a interdit de dévoiler son nom parce que cela glorifierait seulement son ego). Alors, je lui ai mentalement demandé de m'aider à écrire l'ouvrage *La voie des artisans de lumière* et il est immédiatement venu vers moi. Même si je ne pouvais le voir que vaguement, je sentais très fortement sa présence par la sensibilité, la connaissance et l'écoute.

J'étais tellement étonnée que cet auteur me rende réellement visite (j'étais éblouie !) que je ne savais que dire. Je balbutiais : « Vous…vous... vous êtes ici ! »

Il me dit alors : « Vous n'êtes manifestement pas prête. Rappelez-moi lorsque vous serez mieux préparée à travailler avec moi. »

À cette époque, je venais de commencer à donner à des personnes célèbres, que je respectais énormément, des lectures portant sur le psychisme. Je remarquais que mon admiration pour leurs travaux me rendait timide en leur présence. J'agissais différemment avec ces célébrités qu'avec les gens ordinaires. Cela m'ennuyait, parce que je savais qu'il s'agissait d'une question d'ego. Cela signifiait que je considérais ces personnes célèbres comme « supérieures » à moi, ou en d'autres termes, comme différentes de moi.

Par conséquent, j'ai demandé à Jésus et aux archanges de venir dans mes rêves pour chasser toutes manifestations d'ego qui me donnaient à penser que les autres étaient soit supérieurs, soit inférieurs à moi. Comme toujours, cette demande a immédiatement fonctionné ! Dès le matin, j'ai senti un changement. Je ne peux expliquer *comment* cela s'est produit. Je peux seulement dire que *cela s'est produit*. À partir de ce jour, je ne me suis plus sentie intimidée par les gens que j'admirais.

Dès lors, j'ai fait appel à des mentors supplémentaires pour m'aider. Une fois, alors que je faisais de la course, je ressentis une terrible douleur (qu'on appelle un « point ») sur le côté de l'estomac. J'ai immédiatement demandé de l'aide et je fus agréablement surprise lorsqu'un homme du monde spirituel est venu vers moi. Je reconnus Jim Fixx, l'auteur disparu de *The Complete Book of Running*. Il m'a dit de m'appliquer à garder la tête levée au lieu de la bouger sans cesse pendant la course. Cela m'a permis d'augmenter la longueur et la souplesse de chaque foulée. Lorsque j'ai cessé de balancer ma tête, mes points sur le côté ont disparu et depuis, je n'en ai plus eus. Jim m'aide aussi en ce qui concerne l'endurance et la vitesse pendant la course.

J'ai expliqué à de nombreux membres de mon auditoire le programme d'accompagnement spirituel ; la majorité d'entre eux ont adopté avec succès un mentor au Ciel. Certains de ces mentors sont des inventeurs, des écrivains, des guérisseurs et des musiciens connus qui sont décédés. Par exemple, un étudiant en année préparatoire de médecine à Chicago écrit des lettres à Albert Einstein et reçoit des conseils, un auteur-compositeur d'Atlanta correspond avec John Denver par l'écriture automatique et un architecte du Midwest parle avec Michel-Ange pour trouver de l'inspiration.

Pour participer au programme d'accompagnement spirituel, pensez simplement à un être avec lequel vous aimeriez correspondre. Si vous ne pensez à personne en particulier, demandez à Dieu et aux anges de vous attribuer un spécialiste dans un domaine spécifique (comme je l'ai fait lorsque je courais).

Ensuite, même si vous ne pouvez pas entendre, voir ou sentir sa présence, de toute façon posez-lui une question. Inscrivez cette demande sur du papier, tapez-la sur l'ordinateur ou la machine à écrire, dites-la mentalement ou à haute voix. Le mentor entendra votre question, peu importe la façon dont vous la posez.

Notez les réponses qui vous viennent sous forme de pensées, de paroles, de sentiments ou de visions. C'est une bonne idée d'écrire les questions et les réponses, comme pour une entrevue. (Vous trouverez à la page 165 l'explication complète concernant la manière de vous lancer dans « l'écriture automatique ».)

Que vous croyiez que les messages de vos mentors spirituels soient à prendre au sens littéral ou au sens figuré, vous constaterez que le fait d'écrire vos questions, puis d'enregistrer les réponses que vous recevez sous forme de pensées, de paroles, de sentiments ou de visions, vous ouvre à de nouvelles idées et à des intuitions créatrices.

Comment augmenter votre clairconnaissance

Puisque la clairconnaissance peut se présenter subtilement sous forme de pensée ou d'idée, il est facile de passer à côté de la méthode évoluée de communication du Ciel. Vous pourriez rejeter une idée d'inspiration divine sans reconnaître qu'elle est une réponse à vos prières. Vous pourriez la confondre avec une idée ou un rêve futile au lieu d'une inspiration du Ciel.

Les personnes dotées de clairconnaissance ignorent elles aussi les conseils divins, parce qu'elles croient que ce qu'elles savent est évident pour les autres. « Tout le monde sait ça ! » décideront-elles et elles n'exploiteront pas la brillante idée qu'elles viennent de recevoir. Parce que beaucoup de ces personnes ont été ridiculisées et surnommées « Je sais tout », elles hésitent à en parler de crainte qu'on se moque encore d'elles. Pourtant, cette épithète contient un noyau de vérité, car les personnes dotées de clairconnaissance sont vraiment en lien avec l'inconscient collectif.

Il importe donc que vous prêtiez vraiment attention à ce qui entre dans votre esprit, y compris les pensées répétitives et les idées originales. Les conseils divins se présentent à la fois comme des suggestions qui sont répétitivement martelées et comme des inspirations semblables à des ampoules allumées. Une des meilleures façons de porter attention à cette forme de conseils, c'est de tenir chaque jour un journal dans lequel vous conversez avec vous-même à propos de vos pensées et de vos idées. Le journal peut avoir la forme d'une entrevue avec votre être supérieur, peut-être sous forme de questions et réponses. Ainsi, vous pourrez plus facilement amener à votre conscience des informations inconscientes.

Lorsque vous recevez une réponse, n'essayez pas d'en deviner vous-même le sens. Laissez plutôt le temps à vos pensées et à vos idées de se manifester plus clairement. Demandez-leur : « Que voulez-vous me dire ? » Il peut s'agir d'une intuition comme « la personne qui vient de m'être présentée ne me semble pas honorable » ou d'une idée inspirée qui vous aide à *comprendre* la vérité d'un principe spirituel, ou encore d'une idée vraiment bonne pour une nouvelle affaire à ne pas manquer.

En tenant un journal, vous pouvez juger du type et de l'exactitude de vos pensées et de vos idées. Vous prendrez l'habitude d'avoir plus conscience des pensées qui sont véritablement d'origine divine. Il vous est probablement déjà arrivé d'ignorer vos pensées et de dire ensuite : « Je *savais* que cela allait arriver ! » ou « Je *savais* que je n'aurais pas dû y aller ! » Vos réussites et vos erreurs vous apprennent à avoir confiance et à suivre vos intuitions.

Je constate aussi que beaucoup de personnes cérébrales (contrairement aux personnes sensibles, visuelles ou auditives) ont tendance à être des bourreaux de travail. Elles se cloîtrent dans leur bureau, collées à leur chaise, devant l'ordinateur. Le travail est une excellente chose, tant qu'il est compensé par du temps passé à l'extérieur. Et je conseille toujours vivement aux personnes dotées de clairconnaissance d'aller dans la nature. Cela ne correspond pas du tout à leurs zones de confort ! Toutefois, lorsqu'elles sont dehors, ces personnes découvrent que l'air frais, les plantes et les arbres contribuent à aiguiser leurs sens psychiques. Elles s'ouvrent davantage à l'inspiration divine et en ont plus conscience.

La tranquillité du grand air nous permet de mieux écouter nos pensées et de prendre note de nos bonnes idées. Lorsque nous introduisons dans notre emploi du temps des moments de repos, nous prenons une pause du monde des horloges et des téléphones. Nous nous mettons davantage à l'écoute de notre rythme biologique et de tous les éléments de la nature. Entre autres avantages, passer régulièrement du temps dehors nous aide à établir une « bonne gestion du temps », c'est-à-dire remarquer et suivre le rythme de la vie. Lorsque nous revenons au bureau, nous avons affiné nos instincts en ce qui concerne le choix du meilleur moment pour passer un coup de téléphone, envoyer un courriel ou parler lors d'une réunion. Le temps que nous passons à l'extérieur pourrait également nous inspirer à nous séparer complètement du bureau et à préparer une carrière qui corresponde pleinement à nos plus chers désirs.

Vraie ou fausse clairconnaissance

Certaines personnes se montrent sceptiques quant au fait de suivre leur intuition, parce qu'elles l'ont fait par le passé et se sont finalement brûlé les doigts. Il se peut que vous ayez déjà eu une brillante idée et que de la concrétiser ait été un désastre. Vous hésitez donc à faire à nouveau confiance à vos idées.

En général, il existe deux types de situations.

1. Notre première idée était d'inspiration divine, mais la crainte nous a fait dévier de notre voie. À l'origine, lorsque nous avons reçu l'idée, elle s'appuyait sur des conseils divins authentiques, lesquels découlent toujours de l'amour. Mais, en cours de route, à un certain moment, nous avons eu peur. Cette peur a bloqué notre réceptivité et nous a empêché de suivre les conseils et les idées créatrices, nous a fait quitter notre première voie inspirée et a provoqué un comportement et des décisions qui trouvent leur origine dans l'ego. Lorsque nous nous associons à notre ego, il s'ensuit inévitablement erreurs et malheur.

Voici un exemple. Une femme que j'ai rencontrée, qui se nomme Bernice, a eu la merveilleuse idée de mettre sur pied une entreprise à domicile comme monitrice d'exercices physique. L'idée semblait excellente, puisque c'était un service qui aiderait les autres dans un domaine qu'elle aimait, et qui lui permettrait de rester à la maison avec son bambin tout en gagnant de l'argent. Bernice quitta donc son emploi principal et lança son affaire à domicile. Le premier mois, cinq personnes devinrent clientes, ce qui permit à Bernice de gagner suffisamment d'argent pour régler ses factures et faire un certain bénéfice.

Mais Bernice se demandait avec inquiétude si ses premiers succès allaient se poursuivre. « D'où vont venir mes nouveaux clients ? » se tracassait-elle. Après avoir ruminé le problème de son avenir pendant plusieurs jours, Bernice décida de placer des annonces dans divers journaux. Elle acheta aussi des brochures en couleurs ainsi que du papier assorti et des cartes de visite. Elle fit d'importantes dépenses pour ces investissements, elle avait décidé qu'il fallait « dépenser de l'argent pour en gagner. »

Le mois suivant, Bernice n'eut qu'un seul nouveau client. Elle s'inquiéta de plus en plus à propos de son entreprise et augmenta ses dépenses en publicité. Mais rien de ce qu'elle tentait ne semblait fonctionner et moins de quatre mois plus tard, Bernice décida de reprendre son ancien emploi pour être sûre de toucher un revenu fixe.

« Que s'est-il passé ? » se demandait-elle. En revenant sur cette situation, nous constatons que Bernice avait vraiment reçu le conseil divin de lancer son affaire. Ses premiers succès, à savoir qu'elle avait gagné assez d'argent pour régler ses factures et faire un certain bénéfice, avaient renforcé son idée. C'est seulement lorsque Bernice a laissé la peur s'insinuer en elle que l'inspiration a commencé à tarir, et également lorsqu'elle s'est mise à forcer les choses en plaçant des annonces peu judicieuses et en faisant des achats inutiles. Ses dépenses ont augmenté et son revenu a diminué parce qu'elle a commencé à écouter les peurs liées à son ego plutôt que le réconfort et les conseils de son être supérieur.

2. Au lieu de reconnaître notre inspiration divine, nous forçons des événements à se produire ou alors nous écoutons l'opinion des autres et ignorons notre maître intérieur. Parfois, nous n'entendons que ce que nous voulons entendre, et nous décidons que « c'est la bonne personne », même si notre intuition (et nos meilleurs amis) nous préviennent que nous faisons erreur. Ou bien nous décidons que Dieu veut que nous quittions notre emploi pour aller à Sedona, en Arizona, alors que notre intuition nous pousse à faire un changement professionnel progressif. Dans certains cas, nous trahirons notre intuition et ferons quelque chose tout en sachant que c'est une erreur, parce qu'une forte personnalité nous persuade de le faire.

Conseils authentiques ou trompeurs pour une personne « clairconnaissante »

Alors, comment savez-vous s'il s'agit d'une idée brillante d'inspiration divine ou d'une incitation à courir partout pour rien ? Le chapitre quatre énumère les critères de distinction entre les conseils authentiques et les conseils trompeurs. En ce qui concerne les pensées, les idées et les révélations, voici les critères dont il faut prendre note :

— **Constance.** Le conseil authentique se répète et l'idée va vous poursuivre longtemps. Bien que les détails et l'application de l'idée puissent se transformer, la base de l'idée ne change pas. Le conseil trompeur change constamment de contenu et de structure.

— **Motivation.** Le conseil authentique est motivé par un désir d'améliorer une situation. Le principal objectif d'un conseil trompeur est de vous rendre riche et célèbre. Bien que le conseil authentique puisse vous apporter ce type de récompenses, il s'agit là d'avantages marginaux et non pas de la motivation principale de l'idée.

— **Ton.** Le conseil authentique est édifiant, motivant et encourageant. Il vous encourage par ces paroles : « Vous pouvez le faire ! » Le conseil trompeur est tout à fait le contraire : il met votre confiance en lambeaux.

— **Origine.** Le conseil authentique surgit rapidement, comme un éclair, en réponse à une prière ou à une méditation. Le conseil trompeur vient lentement, en réponse à l'inquiétude. Lorsque vous avez une idée, revenez en arrière et examinez le cheminement des pensées qui l'ont précédée. Si vous vous inquiétiez de quelque chose, votre ego a pu faire apparaître un projet pour vous secourir. Mais si vous méditiez pacifiquement, votre être supérieur avait l'espace nécessaire pour vous connecter véritablement à l'inconscient collectif divin et vous a probablement offert une idée remarquable.

— **Familiarité.** Une idée qui vient d'un conseil divin authentique correspond généralement à vos inclinations, talents, passions et intérêts naturels. Le conseil trompeur contient habituellement un conseil « saugrenu » qui touche des activités ne présentant aucun intérêt pour vous.

En notant toutes ces caractéristiques, vous pouvez augmenter votre foi dans les idées que vous suivez. Vous savez que vous êtes sur le bon chemin et vous utilisez toutes vos intentions supérieures pour créer le succès. Un degré de confiance sain correspond à des pensées claires et bien cadrées, qui mènent à une concrétisation rapide.

Si vous combinez votre clairconnaissance avec la capacité d'entendre la voix du divin, dont nous allons parler dans la partie suivante, vous amènerez votre laboratoire d'idées à un niveau encore supérieur.

Chapitre Sept

Comment entendre vos anges ?

Je pense qu'il y a une certaine ironie dans le fait que moi, qui ai autrefois été psychothérapeute dans des services psychiatriques d'isolement, j'enseigne aujourd'hui comment entendre des voix ! Pourtant, lorsque nous écoutons la voix de Dieu et des anges, c'est le son le plus sensé que nous puissions entendre. Leur voix peut nous montrer l'amour malgré le chaos apparent et nous fournir des solutions logiques lorsque surgissent des difficultés.

Le fait d'entendre la voix de l'esprit est appelé *clairaudience,* ou « ouïe claire ». Dans ce chapitre, nous examinerons ce qu'est la clairaudience et de quelle manière nous pouvons augmenter son volume et sa clarté.

Des façons courantes d'entendre la voix du Ciel

Il y a de grandes chances que vous ayez entendu vos anges et d'autres êtres spirituels vous parler tout au long de votre vie. Avez-vous déjà connu une des situations suivantes ?

- À votre réveil, vous entendez une voix désincarnée vous appeler par votre nom.
- Vous entendez, sortis de nulle part, les accords d'une merveilleuse musique qui vous semble céleste.
- Vous entendez de façon répétitive une chanson dans votre tête ou à la radio.
- Vous entendez d'une oreille un grand son vibrant et aigu.
- Vous surprenez une conversation dans laquelle un étranger dit exactement ce que vous avez besoin d'entendre.

- Il vous arrive d'allumer la télévision ou la radio juste au moment où se déroule une discussion qui vous est utile.

- Vous entendez la voix d'un être cher disparu dans votre esprit, dans un rêve ou à l'extérieur de vous-même.

- Vous captez l'appel à l'aide d'un de vos proches qui est vivant, et il s'avère qu'il a justement besoin d'aide.

- Vous entendez le téléphone ou la sonnette de la porte d'entrée : personne n'est là, mais vous sentez qu'un être cher disparu tente d'attirer votre attention.

- Une voix désincarnée vous adresse un message pour vous mettre en garde ou améliorer votre vie.

- Vous cherchez un objet perdu, vous priez pour obtenir de l'aide et vous entendez une voix qui vous explique où le retrouver.

Vous recevez des réponses à vos questions

Dieu et les anges nous parlent pour répondre à nos questions : c'est pour cette raison que nous pouvons lancer une conversation simplement en leur posant une question.

À un moment donné, j'ai voulu savoir pourquoi certaines factions chrétiennes défendaient l'idée qu'il était bénéfique de « craindre Dieu ». Je ne pouvais tout simplement pas comprendre pourquoi on devrait avoir peur de notre Créateur aimant ni pourquoi on *aspirerait* à Le craindre. J'ai donc demandé à mes anges de m'aider à comprendre cette façon de penser. À peine avais-je posé la question que je me mis à chercher, en voiture, des stations de radio et tombai sur un débat chrétien. À ce moment-là, le présentateur commençait à expliquer pourquoi les chrétiens « devraient » craindre Dieu. Je n'étais pas en accord avec ce message, mais je fus très reconnaissante de recevoir la réponse à ma question... surtout si rapidement après l'avoir posée.

Avez-vous des questions à poser ou y a-t-il certains aspects de votre vie pour lesquels vous désirez des conseils ? Prenez un moment maintenant et interrogez mentalement Dieu et les anges à ce propos. Pensez vraiment à poser cette question au Ciel et soyez convaincu que vous recevrez une réponse. Même si vous ne pouvez entendre immédiatement leur réponse, soyez certain que les êtres divins peuvent vous entendre !

Vous devriez recevoir une réponse auditive à votre question un ou deux jours plus tard. Quelquefois, vous entendrez la réponse sous forme de chanson. Vous allez remarquer un air qui revient constamment à la radio ou dans votre esprit. La réponse à votre question pourrait se trouver dans les paroles de la chanson. Ou, si la chanson vous rappelle quelqu'un, cela pourrait vous indiquer que cette personne (vivante ou décédée) pense à vous.

Habituellement, lorsque nous entendons une voix nous appeler le matin, cela signifie que nos anges ou nos guides veulent simplement nous dire bonjour. C'est plus facile pour eux de nous saluer lorsque nous venons de nous réveiller, car notre esprit est alors plus réceptif aux communications spirituelles. Nous sommes également plus aptes à nous souvenir du message dans un demi-sommeil que lorsque nous sommes complètement endormis. S'ils ont quelque chose à ajouter à leur salutation, ils nous en préciseront le contenu en même temps. Alors, si vous entendez votre nom, ne vous inquiétez pas du fait que quelqu'un veuille communiquer avec vous. C'est seulement un salut affectueux pour vous faire savoir que l'on veille sur vous.

Si, après avoir posé une question au Ciel, vous ne recevez pas de réponse, il se peut que la réponse vous ait échappé. Il se peut aussi que vous ne vouliez pas entendre l'information que le Ciel vous envoie, parce qu'à un certain moment dans le passé, vous n'aviez pas apprécié le conseil qui vous était donné. Vous refoulez alors le message. Continuez à répéter votre question jusqu'à ce que vous obteniez la réponse. Demandez à vos anges de vous aider à entendre et vous finirez par l'entendre.

Une de mes étudiantes en consultation spirituelle, Tienna, se sentait très frustrée, parce qu'après avoir suivi mon cours de développement psychique pendant trois jours, elle n'avait pas encore reçu de message de ses anges. Tienna se plaignait que, pendant ses séances de lecture angélique, elle entendait seulement des messages saccadés d'un ou deux mots. Par exemple, alors qu'elle faisait une lecture à un camarade de classe, elle entendit dans son oreille les mots *oncle* et *accident de voiture.* Il s'avéra que le camarade de classe de Tienna avait perdu un oncle dans un accident de voiture.

« Mais je ne veux pas seulement entendre un ou deux mots ! » se plaignait Tienna. « Je veux avoir des conversations complètes avec Dieu et les anges. »

J'ai alors demandé de l'aide aux anges de Tienna et je les ai entendus lui dire : « *Reste simplement en classe, Tienna. Avec de la persévérance et de la patience, tu nous entendras bientôt.* » J'ai transmis le message à Tienna.

Le cinquième jour du cours, Tienna se précipita vers moi d'un air excité, en s'exclamant : « Je les entends, je les entends ! » Elle avait eu une perception auditive claire exactement de la façon dont ses anges le lui avaient prédit : en persistant à écouter et en ayant la patience nécessaire « jusqu'au moment où » cela se produirait. À partir de ce jour,

Tienna a eu de longues discussions auditives avec ses anges, qui lui ont donné des conseils personnels et des informations pour ses clients.

Sonnerie dans les oreilles

De nombreux artisans de lumière disent qu'ils entendent un son aigu dans une oreille. Ce bruit perçant peut être dérangeant et douloureux. Lorsqu'un médecin examine l'oreille, il diagnostique généralement un tinnitus (trouble du nerf auditif), parce qu'en fait, la sonnerie n'est pas d'origine physique. Il s'agit d'une série d'informations regroupées et codées sous forme d'impulsions électriques. Le Ciel télécharge des conseils, de l'aide et de l'information par cette largeur de bande, comme un modem relié à Internet.

Parfois, la sonnerie est accompagnée d'une sensation de pincement ou de tiraillement sur le lobe de l'oreille. Cela se produit lorsque les anges et les guides veulent attirer votre attention d'une façon très spéciale. Il n'est pas nécessaire que vous compreniez consciemment le message encodé dans le signal sonore, il vous suffit simplement de vous engager à le recevoir. L'information sera entreposée dans votre inconscient, où elle influencera positivement vos actes, afin que vous accomplissiez sans tarder votre mission d'artisan de lumière.

Ne vous inquiétez pas que la sonnerie puisse provenir d'une source inférieure ou obscure. Le fait que le son soit élevé montre que la fréquence énergétique de l'information codée émane de l'amour divin. Les forces inférieures ne pourraient pas travailler à une telle fréquence.

Ce signal sonore est en fait une réponse à vos prières pour obtenir des conseils quant à votre mission dans la vie. S'il devient trop fort, douloureux ou intrusif, dites mentalement à vos anges que le son vous blesse et demandez-leur de baisser le volume. L'information vous sera tout de même transmise, elle vous arrivera simplement d'une façon plus paisible. Si le pincement ou le tiraillement du lobe de l'oreille devient douloureux, parlez-en à vos anges et à vos guides et demandez-leur de cesser.

Lorsque j'ai prié mes anges et mes guides de baisser le volume de la sonnerie et de cesser de me blesser en me pinçant le lobe de l'oreille, je n'ai plus jamais été dérangée par des sonorités fortes ou des douleurs à l'oreille. Les anges ne sont assurément pas offensés par nos demandes. Ils ont besoin de nos commentaires pour mieux savoir comment nous aider.

Comment identifier celui qui me parle?

Si vous voulez connaître la véritable identité de la voix qui vous parle, demandez simplement à votre « visiteur » de décliner son identité. Si vous ne croyez pas en la réponse que vous recevez ou ne vous y fiez pas, demandez à l'être spirituel de vous prouver son identité. Comme vous allez le constater, l'entité dira ou fera quelque chose qui éveillera en vous de belles émotions ou correspondra à quelque chose que seul cet être particulier peut faire ou dire. En voici quelques indications.

- La voix de Dieu est très forte, précise, amicale et informelle ; elle est dotée du sens de l'humour et s'exprime en langue vernaculaire.

- Les archanges ont une voix très forte, précise, formelle et directe. Ils parlent beaucoup de l'amour divin ; ils nous mettent sur la voie de notre mission et nous indiquent comment surmonter nos doutes, nos peurs et nos risques de procrastination relativement à cette mission.

- À certains moments, les anges semblent presque shakespeariens, avec leur façon de parler très archaïque et très formelle.

- Nos proches disparus nous parlent comme ils le faisaient de leur vivant, même si leur voix semble plus forte et plus jeune. Ils utilisent le même vocabulaire et s'expriment de la même façon que lorsqu'ils étaient physiquement vivants.

- Notre être supérieur a la même voix que nous.

- L'ego donne une impression de violence, de découragement, de paranoïa et de dépression et il commence ses phrases par le mot *Je,* parce qu'il est égocentrique.

Comment augmenter votre clairaudience ?

Tous, nous sommes naturellement médiums ; cette capacité comprend la clairaudience et tous les autres mots associés à une « clarté » (clairsentience, clairconnaissance, etc.). Toutefois, nous constatons généralement que chaque personne possède un canal privilégié pour communiquer avec le divin. Certains sont naturellement auditifs : ce qu'ils remarquent tout d'abord lors de leur première rencontre avec une personne, c'est sa voix. D'autres sont naturellement visuels : ce qu'ils observent en premier chez une nouvelle connaissance, c'est son apparence, notamment ses mouvements et ses gestes. Ceux qui sont naturellement orientés vers la sensibilité (sentiment, sensation) remarquent comment ils se sentent avec une nouvelle relation, la sensation qu'ils éprouvent avec cette personne et même la sensation que leur procure le tissu de ses vêtements. Les personnes cérébrales, enfin, savent si une nouvelle personne est intéressante, intelligente, logique ou potentiellement utile à leur carrière.

Ces capacités peuvent se comparer à celles d'un moteur d'automobile à quatre cylindres : les quatre cylindres travaillent et sont d'égale importance ; toutefois, un cylindre tourne en premier, avant les autres. Votre principale faculté de « clarté » actionne le moteur de votre orientation divine.

Si vous êtes naturellement auditif, vous entendez déjà la voix de Dieu et de vos anges. Cependant, si ce n'est pas votre principal canal de communication avec le Divin, vous devrez peut-être faire des efforts pour détecter la voix du Ciel. Il se peut que vous lisiez des comptes rendus de personnes qui reçoivent des avertissements ou des messages de leurs anges et que vous vous demandiez : « Pourquoi mes anges ne me parlent-ils pas ? » Voici plusieurs méthodes susceptibles de vous aider à entendre la voix du Divin, de façon forte et claire.

– **Purifiez les chakras de l'oreille.** Comme nous en avons parlé précédemment, chacun des sens psychiques est régi par un chakra ou centre énergétique. La clairsentience (sensibilité psychique) est régie par le chakra du cœur, la clairconnaissance (pensée) est reliée au chakra de la couronne et la clairaudience (ouïe claire) est gouvernée par les chakras des deux oreilles. Le chapitre suivant traitera du lien du chakra du troisième œil avec la clairvoyance (vue).

Les chakras de l'oreille sont situés au-dessus des sourcils, à l'intérieur de la tête. Ils se manifestent par la couleur violet-rouge. Imaginez deux disques violet-rouge tournant dans le sens des aiguilles d'une montre au-dessus de vos sourcils. Visualisez ou sentez que vous leur envoyez des rayons de lumière blanche qui les purifie et les illumine de l'intérieur. Remarquez comme ils deviennent propres et larges. Répétez cette méthode quotidiennement ou chaque fois que vous sentez que votre ouïe psychique est obstruée.

– **Libérez-vous des résidus psychiques.** Si les autres vous ont malmené verbalement ou que vous vous êtes dénigré par vos propres paroles, vos chakras de l'oreille sont probablement pollués par des toxines dues aux paroles négatives dirigées contre vous. Demandez mentalement à vos anges de vous envelopper d'énergie réconfortante. Vous pouvez chasser la négativité emprisonnée dans vos chakras de l'oreille en inscrivant sur un papier le nom de ceux qui vous ont agressé verbalement (y compris vous-même). Puis, jetez le papier dans un récipient de plastique rempli d'eau et mettez-le dans le bac à glace de votre réfrigérateur. Quand vous placerez ces noms dans le bac à glace, vous ressentirez immédiatement une certaine libération. Laissez-les là pendant au moins trois mois. (En fait, c'est une extraordinaire méthode pour vous libérer de *n'importe quelle* sorte de problème.)

– Rouvrez les fréquences inutilisées. Lorsque vous étiez enfant, n'avez-vous jamais fait la sourde oreille lorsque votre mère, votre père, votre maître ou une autre personne vous parlait, y compris vous-même ? Enfant, cette méthode pourrait avoir été votre seul mécanisme de défense contre d'incessantes remarques ou des plaisanteries désagréables. Mais l'ennui, c'est que vous vous êtes peut-être coupé de toutes les autres voix qui ont la même gamme de fréquences que celles que vous avez bloquées à l'origine. Ainsi, vous éprouvez de la difficulté à entendre une voix céleste qui a le même ton que celle de votre mère, par exemple. Il se peut que vous n'entendiez pas la voix de votre être supérieur s'il y a longtemps que vous ne faites plus attention à votre propre voix. Heureusement, vous pouvez simplement « changer d'avis » et rouvrir vos oreilles physiques et spirituelles à toute la gamme des fréquences. Étant donné que c'est votre ferme intention de vous couper de ce qui a été à l'origine du blocage, émettez simplement une autre intention ferme, afin d'entendre maintenant toute la gamme de fréquences sonores.

– **Augmentez votre sensibilité au son.** Prenez le temps chaque jour de remarquer les sons qui vous entourent. Par exemple, mettez-vous à l'écoute du chant des oiseaux, du rire des enfants et de la circulation des voitures. Faites également attention aux sons qui accompagnent des activités ordinaires, comme tourner les pages d'un livre, écrire une note ou respirer. En prêtant attention aux sons subtils et moins subtils de votre environnement, vous augmenterez votre sensibilité à la voix des anges et de vos guides.

– **Protégez vos oreilles physiques.** À mesure que votre sensibilité à la fréquence sonore des anges augmente, vous constaterez que les bruits élevés vous dérangent davantage qu'autrefois. Par exemple, vous devrez vous couvrir les oreilles à l'atterrissage d'un avion et éviter les sièges placés à l'avant dans un concert rock. Vous devrez également demander à vos amis de vous parler plus doucement au téléphone, réserver au restaurant une table éloignée des groupes bruyants et choisir une chambre d'hôtel loin de l'ascenseur et des machines à glaçons.

– **Demandez à vos anges.** Certaines personnes ont des anges tranquilles et des guides spirituels introvertis. Comme lorsque vous conversez avec un être vivant, ne craignez pas de demander à votre interlocuteur, quel qu'il soit : « Pourriez-vous parler un peu plus fort ? » Nos amis célestes désirent vraiment communiquer avec nous et ils ont besoin de nos commentaires honnêtes pour les aider à améliorer leur façon de se faire entendre.

Ma mère, Joan Hannan, qui avait beaucoup de difficulté à entendre ses anges et ses guides, leur demandait de parler plus fort. Mais comme elle ne pouvait toujours pas les entendre, elle leur a dit d'une voix puissante : « Veuillez parler vraiment plus fort. » C'est alors qu'elle entendit très distinctement la voix de sa grand-mère lui indiquer : « Je suis juste ici ! » Mon arrière-grand-mère semblait dire : « Tu n'as pas besoin de crier, je suis juste à côté de toi. Je t'entends très bien ! »

Vous êtes toujours maître de votre communication divine et, si vous voulez que le Ciel baisse le volume ou l'intensité de vos messages auditifs, vous n'avez qu'à le demander. Dans le chapitre suivant, nous étudierons le monde de la clairvoyance et nous nous pencherons sur les manières de vous aider à voir les anges et les messages du Ciel.

Chapitre Huit

Comment voir vos anges ?

Les anges souhaitent entrer visuellement en contact avec nous autant, sinon plus, que nous le souhaitons nous-mêmes. Ils nous aident à communiquer avec eux en nous faisant clairement sentir leur présence. Mes livres *Visions angéliques* et *Visions angéliques II* renferment des dizaines d'histoires à propos de gens qui ont vu des anges.

Ce que nous éprouvons en voyant des anges

Beaucoup de mes étudiants en développement psychique s'imaginent de façon erronée que la clairvoyance permet de voir les anges comme des silhouettes distinctes et opaques, aussi sûrement en trois dimensions que le sont les êtres vivants. Ils s'attendent à ce que leurs visions soient à l'extérieur de leur tête plutôt que dans les yeux de l'esprit.

Pourtant, la plupart des exemples de clairvoyance ressemblent aux images mentales que vous voyez lorsque vous faites un rêve, que ce soit le jour ou la nuit. Mais le fait que l'image soit dans votre esprit ne rend pas la vision moins réelle ou moins valide. Lorsque j'explique ceci à mes étudiants, ils s'exclament fréquemment : « Oh, alors j'en *vois* des anges ! »

Avec des intentions claires et de la pratique, la plupart des gens peuvent développer leur capacité de voir des anges à l'extérieur de leur sphère mentale tout en ayant les yeux ouverts. En d'autres termes, ils sont capables de regarder une personne et de voir clairement un ange voltiger au-dessus de leurs épaules. Toutefois, les clairvoyants débutants doivent généralement fermer les yeux lorsqu'ils « scrutent » une personne. Dans les yeux de leur esprit, ils voient alors les images de leurs anges gardiens.

Certains voient des lumières ou des couleurs pendant les premières étapes de leur clairvoyance. D'autres observent des visions fugitives de la tête ou des ailes d'un ange ou alors voient les anges comme des êtres translucides et incolores ou opalescents, dont émanent des teintes chatoyantes.

D'autres encore les voient comme des êtres totalement imaginaires, avec une chevelure et des vêtements de couleurs vives.

Pendant les périodes de stress ou à la suite d'intenses prières, il arrive qu'une personne rencontre très distinctement un ange, comme si elle faisait l'expérience d'une apparition. Totalement éveillée et les yeux grands ouverts, elle voit un ange qui a l'apparence d'un être humain ou qui ressemble à l'image traditionnelle des anges, avec une tunique et des ailes. L'ange est bien présent : la personne peut même le toucher ou l'entendre et comprendre qu'il ne s'agit pas d'un être humain seulement lorsqu'il disparaît.

Photographier les cercles

Une des nouvelles manières adoptées par les anges pour se manifester est d'apparaître sur des photographies sous forme de cercles de lumière. Si vous souhaitez observer des êtres angéliques, vous pouvez maintenant les voir en photographie ! Leurs images apparaissent sous forme de sphères de lumière blanche lorsque vous développez les photos. Les fées, souvent, apparaissent sur les photos prises à l'extérieur et leurs images ressemblent aux cercles colorés des arcs-en-ciel qui se manifestent sur les champs et les forêts.

La meilleure façon de photographier ces cercles est de prendre la photo d'un nouveau-né ou d'une personne tournée vers la spiritualité, ou encore de prendre des photos lorsque vous participez à un atelier sur un thème métaphysique, tout particulièrement lorsqu'il a pour sujet les anges. Vous constaterez des dizaines de ces cercles une fois les photos développées. C'est lorsque vous pensez à voir les anges en prenant les photos que cette méthode fonctionne le mieux.

Comme pour toute autre requête que vous présentez à vos anges, demandez-leur mentalement d'apparaître sur la pellicule au moment où vous prenez la photo. Les nouveaux appareils numériques réussissent particulièrement bien à saisir les images des anges.

D'autres façons de voir les anges

Voici d'autres façons de voir les anges.

– **Les rêves.** Le Dr Ian Stevenson de l'université de Virginie a répertorié des milliers de cas de « visitations en rêve » dans lesquels les gens sont entrés en relation avec leurs proches disparus ou leurs anges pendant le sommeil. Selon le Dr Stevenson, « le degré de netteté » est la caractéristique qui distingue les simples rêves des authentiques « visitations[1] ». Ces « visitations » comprennent des couleurs vives, des émotions intenses et un sentiment d'extrême réalité. Lorsque vous vous réveillez de cette sorte de rêve, vous en gardez l'expérience en mémoire plus longtemps que lors d'un simple rêve. Bien des années après, vous pouvez encore vous souvenir de détails explicites.

— **Les lumières angéliques.** Voir des étincelles ou des éclairs de lumière indique la présence d'anges à proximité. Vous observez des étincelles d'énergie lorsque les anges se déplacent dans votre champ de vision. L'effet est le même que lorsque vous voyez des étincelles à l'arrière d'une voiture. C'est une simple friction qui veut dire que votre vision spirituelle est ajustée pour vous permettre de percevoir les vibrations énergétiques.

Les lumières colorées émanent des archanges et des maîtres ascensionnés (mon livre *Médecine des anges* énumère les divers archanges et la couleur de leur aura). Les lumières blanches sont la preuve rayonnante de la présence des anges.

Environ la moitié de mes auditeurs à travers le monde rapportent qu'ils voient régulièrement ces étincelles et ces éclairs. Beaucoup de gens sont réticents à admettre cela publiquement, de peur d'avoir eu des hallucinations. Ce n'est pas le cas : voir la lumière des anges est une expérience tout à fait authentique et normale.

— **Les brumes colorées.** Voir une brume verte, pourpre ou d'une autre couleur est le signe que vous êtes en présence d'anges et d'archanges.

— **Les nuages en forme d'anges.** Regarder le ciel et remarquer un nuage en forme d'ange est un autre moyen utilisé par les êtres divins pour vous faire savoir qu'ils sont auprès de vous.

— **Les signes visibles.** Trouver une plume, une pièce de monnaie, une horloge arrêtée ou des objets déplacés dans votre maison, voir des lumières vaciller ou remarquer d'autres singularités visuelles vous permet de savoir qu'un ange est en train de vous dire : « Bonjour, je suis ici ». Les proches disparus font souvent connaître leur présence en vous envoyant des oiseaux, des papillons, des phalènes ou des fleurs particulières.

— **Avoir une vision.** Voir mentalement un film qui vous présente des informations authentiques sur une personne ou une situation, ou vous donne des conseils sur votre objectif de vie ou sur la façon de procéder à des changements est un signe que vous êtes en présence des anges. On entrevoit ainsi une brève image de quelque chose de symbolique.

Par exemple, lorsque je rencontre une personne qui travaille dans le domaine de la santé, je « vois » invariablement la coiffe d'une infirmière sur sa tête. Souvent, les anges nous envoient cette information, en particulier lorsque nous nous efforçons de rendre le monde meilleur.

Les sept étapes de l'ouverture de votre troisième œil

Le centre d'énergie situé entre nos deux yeux physiques, connu sous le nom de *chakra du troisième œil*, règle l'importance et l'intensité de notre clairvoyance. L'ouverture du troisième œil est un élément essentiel pour traverser le voile vers le monde spirituel.

Voici les sept étapes pour « ouvrir » votre chakra du troisième œil.

1. Tout d'abord, affirmez pour vous-même : « Je peux voir. » Répétez cette affirmation et si, en le faisant, vous ressentez une tension ou une peur, respirez profondément. À chaque expiration, imaginez que vous rejetez vos inquiétudes concernant le fait d'être clairvoyant (vous trouverez à la section suivante plus d'information sur la libération des peurs).

2. Prenez un cristal de quartz et tenez-le dans votre main dominante (celle avec laquelle vous

écrivez généralement). Imaginez un rayon de lumière blanche venant du haut pour entrer dans votre cristal. Pensez que cette lumière blanche purifie maintenant votre cristal de toute la négativité qu'il peut avoir absorbée.

3. Gardez le cristal dans votre main dominante et placez-le juste au-dessus de l'espace se trouvant entre vos deux sourcils. Déplacez votre majeur de façon à ce qu'il pointe à travers le cristal vers votre troisième œil.

4. Puis, placez le majeur de votre autre main (celle avec laquelle vous n'écrivez pas) sur le point le plus haut de l'*arrière* de votre tête (mais pas sur le sommet).

5. Imaginez un éclair puissant et brillant qui part du majeur de votre main dominante, traverse votre troisième œil et aboutit au majeur de votre autre main. Vous créez un circuit électrique entre votre main dominante qui envoie de l'énergie et votre autre main qui la reçoit. Comme l'énergie passe à travers votre tête, elle élimine les débris psychiques et éveille votre troisième œil. Le processus prend généralement une à deux minutes, et il se pourrait que vous ressentiez une certaine tension dans votre tête, de la chaleur dans vos doigts

et un picotement dans vos mains. Ce sont les sensations habituelles liées au travail de l'énergie.

6. Ensuite, placez votre main droite sur votre oreille droite, en tenant toujours le cristal dans votre main dominante. Faites la même chose avec votre main gauche et votre oreille gauche. Imaginez une lumière blanche sortant du majeur de votre main dominante. Lentement et simultanément, déplacez vos deux mains vers la partie la plus haute de l'arrière de votre tête. Répétez sept fois ce mouvement d'un geste de balayage. Pensez à accrocher le fond de votre troisième œil (qui ressemble à celui de votre œil physique) au lobe occipital de votre tête. C'est la zone du cerveau qui enregistre la conscience et la reconnaissance de vos visions. Elle ressemble à une fine calotte ronde que vous portez attachée à l'arrière de la tête.

Avec la lumière blanche, vous creusez une immense chambre de 12,5 centimètres (5 pouces) qui s'étend entre le fond de votre troisième œil et votre lobe occipital. Cette chambre relie le flot d'images reçues par votre troisième œil à la zone du cerveau affectée à la vision. Ainsi, vous aurez davantage conscience des visions que vous avez et vous en comprendrez mieux le sens.

J'ai travaillé avec de nombreuses personnes qui avaient un troisième œil complètement ouvert, mais qui se plaignaient de ne pas être dotées de clairvoyance ou d'en avoir très peu. *Avoir un troisième œil complètement ouvert ne suffit pas pour assurer la clairvoyance !* Sans la connexion entre le troisième œil et le lobe occipital, une personne n'aurait pas conscience de ses visions, ou ne les comprendrait pas. C'est comme projeter un film sans que le projecteur soit allumé.

7. La dernière étape consiste à placer le majeur de votre main dominante sur le haut du cristal, devant votre troisième œil (toujours légèrement au-dessus de la zone entre vos deux yeux physiques). Vous allez éliminer tout écran que vous pourriez avoir placé sur votre troisième œil. Grâce à de légers coups vers le haut, amenez les écrans à se relever comme si vous ouvriez un store. N'oubliez pas de respirer pendant que vous exécutez cette étape ; retenir votre souffle ralentirait le processus. Répétez cette opération (relever les écrans) au moins sept fois, ou jusqu'à ce que vous sentiez que chaque écran est éliminé.

Vous pouvez accomplir ce processus sur une autre personne. Si vous connaissez quelqu'un qui est intéressé par la spiritualité et ouvert d'esprit, notamment s'il s'agit de quelqu'un qui a de l'expérience dans les guérisons énergétiques ; cette personne peut aussi effectuer ce processus sur vous. Bien que vous puissiez accomplir ces sept étapes vous-même, leur pouvoir sera amplifié si une autre personne dont les intentions sont claires (c'est-à-dire avec un minimum de scepticisme) les effectue sur vous.

Après que ces sept étapes ont été effectuées par vous-même ou par une autre personne, vous devriez remarquer une nette amélioration de vos visions mentales. Si vous fermez les yeux et imaginez un jardin, vous verrez probablement des couleurs et des images plus vives qu'auparavant. Il se peut que vos rêves nocturnes deviennent plus intenses et que vous vous en souveniez mieux ; par ailleurs, votre mémoire photographique devrait augmenter.

Là encore, il se peut que les images que vous voyez n'apparaissent pas comme quelque chose d'extérieur à vous. Le cinéma mental peut se dérouler sur un écran à l'intérieur de votre tête. Avec de la pratique, vous pourrez projeter et voir ces images extérieurement. Toutefois, que les visions soient dans les yeux de votre esprit ou qu'elles soient externes est sans importance. Je constate que l'exactitude psychique est identique, qu'il s'agisse d'une image mentale ou de quelque chose que je vois à l'extérieur de ma tête. L'emplacement de la vision n'a pas d'importance. Ce qui importe, c'est que vous remarquiez les images et que vous y prêtiez attention, parce que ce sont souvent des messages visuels de vos anges.

Éliminer la peur qui bloque la clairvoyance

Si, après avoir mené à bien les sept étapes, vous constatez encore que vos images mentales n'ont pas la qualité que vous désirez en ce qui concerne la grandeur, la précision ou la couleur, alors vous avez probablement des peurs qui vous bloquent. Ces peurs sont tout à fait normales et peuvent facilement être éliminées quand vous serez prêt.

Voici quelques exemples de ces peurs.

1. Perdre le contrôle

La peur : Vous craignez, si vous donnez place à votre clairvoyance, de devenir submergé de visions d'anges et de personnes décédées partout où vous irez. Vous pouvez également craindre que Dieu essaie de vous contrôler ou établisse pour vous des plans inacceptables.

La vérité : La clairvoyance est comme une télévision que vous pouvez allumer et éteindre à votre guise. Et la volonté de Dieu pour vous est identique à celle de votre être supérieur. Le grand plan divin comprend beaucoup de bonheur et de plénitude en réserve pour vous et, en plus, vous constaterez que votre vie a de plus en plus de sens dans tous les domaines.

2. Voir des choses effrayantes

La peur : Vous ne supportez pas les films de maisons hantées ou de monstres et vous ne voulez rien voir qui ressemble à des vampires ou à des lutins traînant autour de votre maison.

La vérité : Si vous avez été capable de regarder le film *Le sixième sens* en gardant les yeux ouverts, vous avez vu le pire. Le monde des esprits est beau, d'une beauté que même Hollywood n'a pas encore rendue. Même les esprits de la Terre et ceux qui ont des formes inquiétantes (ceux qu'on appelle les anges déchus) sont loin d'être aussi mauvais que la moyenne des interprétations de la vie après la mort sur grand écran. La plupart des êtres décédés ont l'air radieux, jeunes et respirent le bonheur. Ne vous sentiriez-vous pas merveilleusement bien si vous saviez que vous n'aurez plus jamais de factures à payer ?

3. Être dupé

La peur : Vous vous inquiétez : « Et si c'était le fruit de mon imagination et que je sois en train d'inventer tout cela ? » ou pire « Que se passerait-t-il si des esprits inférieurs qui se prétendent mes anges gardiens entraient en contact avec moi ? »

La vérité : La raison pour laquelle, selon les études effectuées, les enfants ont des expériences psychiques tout à fait vérifiables, c'est qu'ils n'ont pas l'obsession de savoir si c'est causé par leur imagination ou non. On cite Jeanne d'Arc répondant aux inquisiteurs qui lui demandaient si elle imaginait entendre la voix de Dieu : « Comment voudriez-vous que Dieu me parle, si ce n'est par mon imagination ? » En d'autres termes, ce n'est pas parce que cela se passe dans votre tête que ce n'est pas réel, valide ou exact.

Parfois, on me demande : « N'avez-vous pas peur qu'un démon vous dupe en se faisant passer pour un ange ? » Cette question laisse entendre que les démons vont dans des magasins de déguisements pour se vêtir de plumes blanches et, hop ! nous attrapent de leurs doigts crochus. Le fait est qu'il *existe* des énergies et des êtres du monde inférieur que je n'inviterais pas à dîner chez moi, tout comme il y a des vivants que je ne désire pas fréquenter. Mais ce n'est pas une raison pour se barricader contre la clairvoyance.

Je veux dire par là que, si je vous demande si vous préférez descendre une allée sombre du mauvais côté de la ville à minuit ou bien à midi, vous me répondrez évidemment à midi, n'est-ce pas ? Et pour quel motif ? Parce que vous pouvez *voir* qui s'y trouve, bien sûr ! Eh bien, c'est également vrai pour le monde des esprits ! Puisque ces êtres peu recommandables sont là de toute façon, ne vaudrait-il pas mieux les voir afin de pouvoir appeler l'archange Michaël ? Celui-ci agira comme « filtreur » à la porte de votre maison et veillera à ce que personne n'entre sans carte d'identité valide et à ce que chaque être soit intègre et porteur de lumière intérieure.

La lumière intérieure est le meilleur indicateur de l'intégrité d'un être, qu'il soit vivant ou provenant du monde des esprits. Par la clairsentience, vous pouvez sentir le caractère d'une personne ; par la clairconnaissance, vous savez si quelqu'un est tout à fait intègre ; par la clairvoyance, vous pouvez littéralement voir la lumière rayonner à l'intérieur de quelqu'un.

Les êtres déchus du monde des esprits, ainsi qu'on les appelle, ne peuvent pas imiter l'intense lumière rayonnante qui émane du corps et irradie vers le haut et l'extérieur. Ces êtres pourraient mettre le costume de l'archange Michaël, mais il leur manquerait l'essentiel : l'aura brillante qui découle d'une vie passée dans l'adoration de Dieu. De ce point de vue, la clairvoyance nous aide à examiner nos amis dans le monde physique *et* dans le monde spirituel, et nous protège réellement du danger.

4. Être puni pour ce qui est « mal » ou « faux »

La peur : Vous craignez que la clairvoyance soit l'œuvre du diable et que Dieu vous punisse d'avoir péché.

La vérité : Cette peur s'appuie souvent sur des citations de l'Ancien Testament qui vous mettent en garde contre les magiciens, les médiums et les gens qui communiquent avec les morts. Pourtant, dans le Nouveau Testament, nous constatons que Jésus et de nombreuses autres personnes parlent avec les êtres décédés et avec les anges. Saint Paul, dans ses épîtres aux Corinthiens, déclare que nous avons tous le don de prophétie et que nous devrions aspirer à ces dons spirituels... pourvu que nous nous en servions avec amour.

Et c'est bien la différence, n'est-ce pas ? Le *Manuel des enseignants,* volume III, de l'ouvrage *Un cours en miracles* dit que les capacités psychiques peuvent être mises au service de l'ego (dont il affirme que c'est le seul démon de ce monde) ou du Saint-Esprit. En d'autres termes, nous utilisons la clairvoyance au nom de la peur ou de l'amour. Si vous vous servez de cet outil au service de Dieu et à des fins de guérison, vous n'avez rien à craindre. Vous constaterez que les jugements des autres ne feront que glisser sur vous.

5. Être ridiculisé

La peur : Vous avez peur d'être taxé de « fou », de « bizarre », de « je-sais-tout » ou de « trop sensible »... ou encore d'avoir à subir les attitudes critiques de proches fondamentalistes.

La vérité : Vous êtes probablement un « artisan de lumière » ou un « enfant indigo », c'est-à-dire quelqu'un qui se sent poussé à rendre le monde meilleur d'un point de vue spirituel. Les artisans de lumière et leurs jeunes homologues, les enfants indigo, ont très souvent l'impression d'être différents ou de ne pas avoir d'appartenance. Quand les gens vous tourmentent à propos de vos intérêts ou de vos dons spirituels, cela aggrave encore cette impression. Si on s'est moqué de vous pendant l'enfance, il se peut que vous associiez divers types de raillerie à vos blessures émotionnelles non guéries. Demandez à vos anges d'intervenir et suivez leurs conseils s'ils vous suggèrent d'aller chercher de l'aide professionnelle.

6. Faire l'inventaire de votre vie actuelle

La peur : Vous avez peur de ne pas être prêt à effectuer des changements si vous voyez quelque chose qui ne vous plaît pas dans votre vie, c'est-à-dire que vous voulez rester dans le déni.

La vérité : La clairvoyance peut augmenter votre prise de conscience des éléments qui ne vont pas dans votre vie. C'est vrai que faire un inventaire peut, d'une certaine façon, augmenter votre insatisfaction ; toutefois, ce n'est pas parce que vous remettez en question vos relations, votre carrière, votre santé ou quelque autre aspect de votre vie que vous devez immédiatement prendre un virage à 180° et tout régler en une fois. L'insatisfaction est un puissant ressort pour prendre des mesures permettant d'améliorer les choses. Elle vous stimule à vous mettre au jogging, à manger plus sainement, à voir un conseiller matrimonial et à adopter d'autres manières de prendre soin de votre vie.

7. Prédire l'avenir

La peur : Vous pouvez hésiter à prédire des changements planétaires ou sociaux qui font peur.

La vérité : Si vous « voyez » ces événements et que vous êtes absolument certain qu'ils ne proviennent pas de votre ego, alors vous aurez une image plus claire de votre mission d'artisan de lumière. Vous recevrez les conseils nécessaires pour savoir comment vous pouvez aider la planète à éviter ces changements, ou à y faire face. Vous pouvez, par exemple, être appelé à prier pour la paix, à envoyer de l'énergie de guérison, à assurer la lumière dans divers lieux, à former d'autres artisans de lumière ou à guérir ceux qui sont touchés par les changements.

Même si cette mission vous semble décourageante et intimidante, n'oubliez pas que vous vous y êtes engagé avant votre incarnation... et Dieu et les anges ne vous auraient pas confié une tâche aussi considérable s'ils n'avaient su que vous en étiez capable. De plus, ils vous apporteront leur plein soutien tout au long du parcours, aussi longtemps que vous le demanderez et serez ouvert à recevoir leur aide.

8. Accepter une responsabilité trop lourde

La peur : En prévoyant une situation négative, vous vous demandez : « Devrai-je intervenir ? »

La vérité : En général, les anges terrestres doivent seulement prier, sauf s'il s'agit d'une mission tout à fait spéciale où vous devez intervenir ou mettre quelqu'un en garde ; dans ce cas, vous recevrez des directives très précises sur ce que vous avez à faire.

9. Ne pas être capable de le faire

La peur : Vous craignez d'être un imposteur qui n'est pas qualifié pour être médium ou pour effectuer une guérison spirituelle. Vous vous demandez si vous avez réellement des anges et, le cas échéant, si vous serez capable d'entrer en contact avec eux.

La vérité : Tout le monde a l'impression, de temps en temps, d'être un imposteur. En fait, les psychologues nomment cette peur « le syndrome de l'imposteur ». La recherche montre que certaines des personnes les plus compétentes et qui réussissent le mieux sont enclines à faire cette expérience. Cela ne signifie pas que vous *êtes* un imposteur, mais plutôt que vous comparez votre monde intérieur (empli d'anxiété dans de nouvelles situations) à l'aspect extérieur de toute autre personne (qui semble calme, détendue et sereine).

L'ego, ou être inférieur, utilise la peur des tours de passe-passe, notamment pour nous distraire et nous faire oublier qui nous sommes et ce que nous avons à accomplir pour réaliser notre objectif de vie.

Blocages à la clairvoyance liés à une vie antérieure

Parfois, le blocage de la clairvoyance est enraciné dans notre lointain passé. Même les gens qui ne croient pas en la réincarnation admettront que certains événements historiques marquants affectent notre monde encore aujourd'hui. L'un d'eux est l'établissement de l'Inquisition, qui eut comme conséquence que des milliers de gens ont été brûlés, pendus, torturés et dépouillés, au XVe siècle notamment, à cause de leurs croyances ou de leurs pratiques spirituelles qui étaient contraires à l'Église dominante. La souffrance liée à ces faits, et à différentes « chasses aux sorcières » à travers l'histoire, se répercute encore aujourd'hui comme de lointains échos qui retentissent : « Conformez-vous aux croyances admises ou subissez les conséquences ! » La peur qui en résulte et qui vous fait « rester dans le placard spirituel » vous incite à tenir secrètes vos capacités psychiques et vos croyances spirituelles.

Mais comment pouvez-vous savoir si c'est la blessure d'une vie antérieure qui bloque votre clairvoyance ? Voici quelques indices.

- Vous estimez que vous n'êtes pas visuel : vous ne visualisez pas facilement, vous ne vous souvenez que rarement de vos rêves et vous ne remarquez pas de quoi ont l'air les gens ou les choses.

- Vous n'avez eu que peu de visions psychiques, voire pas du tout.

- Vous vous sentez tendu ou inquiet chaque fois que vous pensez à vous ouvrir à votre clairvoyance.

- Vous sentez une vague anxiété à la pensée de devenir médium, comme si vous alliez avoir des problèmes ou être puni par quelqu'un ou même par Dieu.

- Lorsque vous pensez aux gens qui ont été brûlés sur le bûcher ou pendus, votre corps réagit fortement par des frissons, des tremblements, des modifications dans la respiration ou de la tension.

En revanche, voici les indices qui permettent de savoir que des expériences d'enfance ont pu bloquer votre clairvoyance.

- Pendant votre enfance, vous avez vu des anges, des lumières étincelantes ou des êtres décédés, mais à mesure que vous grandissiez, vos visions psychiques ont diminué.

- Vous êtes une personne extrêmement sensible.

- On vous a taxé de « fou », de « mauvais » ou de « bizarre » lorsque vous étiez enfant ou adolescent.

- Vous avez peur de ce que votre famille pourrait penser si vous révéliez vos dons psychiques.

- Vous craignez, si vous vous ouvrez psychiquement, de devoir apporter des changements dans votre vie qui décevraient vos proches ou leur feraient du tort.

Une séance de régression dans une vie antérieure donnée par un hypnothérapeute agréé, ou effectuée au moyen d'un CD comme *Passages dans nos vies antérieures avec les anges,* est la façon la plus efficace de vous libérer de ces blocages. Votre inconscient ne vous fera plus peur avec des souvenirs que vous ne pouvez maîtriser ; ne craignez donc pas qu'une régression vous submerge.

Trop faire d'efforts

Trop faire d'efforts pour voir est de loin l'un des blocages les plus courants en ce qui concerne la clairvoyance. Comme je l'ai dit précédemment, lorsque nous nous contraignons à faire quelque chose, nous restons bloqués. Cela s'explique par le fait que tout type de pression naît de la peur qui provient de l'ego, et l'ego n'est absolument *pas* psychique.

Nous faisons trop d'efforts lorsque nous avons intérieurement peur de ne pas être capable de réussir un plan et nous tentons de le forcer à se produire. La négativité sous-jacente peut toutefois détruire des heures d'affirmations positives et d'efforts de réalisation. La peur se transforme en une prière négative qui, malheureusement, attire des prophéties qui s'accomplissent.

Guérir les blocages psychiques

Chacun a, plus ou moins, des blocages psychiques ; il ne s'agit donc pas de s'en débarrasser complètement... mais bien d'en être conscient et de les traiter rapidement lorsqu'ils surviennent. Parfois, nous avons honte de nos blocages et nous ne les admettons ni à nous ni aux autres. Pourtant, les blocages ne sont en rien honteux. Mais ce sont des zones de notre vie dont nous devons nous occuper.

« Les guérisseurs guéris » (l'expression est empruntée à *Un cours en miracles*) ne sont pas des gens qui n'ont aucun problème, ce qui est presque impossible dans ce monde. Ce sont plutôt des personnes qui sont *conscientes* de leurs problèmes et font leur possible pour que ces problèmes n'interfèrent pas avec leur mission divine.

Néanmoins, nous pouvons nous guérir et nous libérer des problèmes qui nous bloquent psychiquement. Voici quelques techniques et outils de guérison qui peuvent aussi avoir des effets remarquablement positifs sur d'autres aspects de notre vie, en plus de la clairvoyance.

– Guérir pendant le sommeil : Lorsque vous dormez, votre esprit sceptique est également au repos. Voilà pourquoi c'est un moment parfait pour vous engager dans une guérison spirituelle. Lorsque votre esprit sceptique est endormi, votre ego ne peut empêcher les anges d'effectuer sur vous des purifications miraculeuses. Aussi, dès que vous êtes prêt à vous ouvrir à votre clairvoyance, demandez à vos anges et à tout être du monde des esprits avec lequel vous travaillez de venir dans vos rêves. Voici un exemple de prière que vous pouvez leur adresser :

Archange Raphaël, je vous demande
de venir cette nuit dans mes rêves.
Je vous prie de m'envoyer une énergie
de guérison pour mon troisième œil et
d'éliminer toutes les peurs qui pourraient
bloquer ma clairvoyance. Aidez-moi à voir
clairement grâce à ma perception spirituelle.

– Couper les cordes éthériques avec les membres de la famille : Si vous vous rendez compte, par exemple, que vous craignez le jugement de votre mère à propos de vos capacités psychiques, vous pouvez utiliser la technique permettant de couper les cordes, qui est décrite au chapitre cinq, et vous concentrer tout particulièrement sur les liens de peur associés à votre mère. Répétez le processus pour chaque personne (membre de la famille ou autre) dont vous craignez la réaction négative à l'égard de votre clairvoyance. En outre, coupez les cordes avec toute personne qui, dans votre passé, vous a ridiculisé ou malmené à cause de vos capacités psychiques.

— **Obtenir le soutien de personnes ayant la même sensibilité :** Lorsque je me préparais à « sortir du placard spirituel » et à admettre publiquement ma clairvoyance, je m'inquiétais évidemment des éventuelles conséquences négatives. J'ai eu la chance de connaître un psychiatre qui était dans la même situation. Jordan Weiss était médecin spécialisé en médecine interne et psychiatre en secteur libéral privée à Newport Beach, en Californie. Lors d'un récent accident, il avait subi une blessure à la tête qui avait mis en éveil son troisième œil et ce psychiatre constatait qu'il pouvait voir à l'intérieur du corps de ses patients. Le Dr Weiss pouvait également voir le réseau des chakras et les émotions négatives emprisonnées dans ces chakras. Mais il avait peur d'admettre ouvertement sa clairvoyance et, de ce fait, risquer de perdre son permis d'exercer la médecine et sa réputation.

Nous nous sommes motivés, soutenus et conseillés mutuellement pour aller parler publiquement de nos dons de clairvoyance. Nous nous rappelions l'un à l'autre que, si nous n'étions pas fidèles à nous-mêmes, nous ne pourrions pas vraiment aider nos clients de façon efficace. Aujourd'hui, le Dr Weiss achève un deuxième ouvrage sur ses expériences psychiques en tant que psychiatre.

Je pense que *vous* aussi vous jugerez utile d'être encouragé par quelqu'un qui se trouve dans une situation similaire. Priez pour qu'une telle personne arrive dans votre vie et vous serez guidé vers elle. Vous pouvez également chercher consciemment de l'aide dans des réunions métaphysiques organisées dans des librairies, des Églises de la « nouvelle pensée », comme l'Église d'unité ou la Science religieuse, dans des cours de développement psychique, ou encore sur des babillards électroniques concernant les arts intuitifs sur Internet.

– **Participer à des cérémonies sacrées :** Mon mari, Steven Farmer, auteur de l'ouvrage *Sacred Ceremony*, a dirigé des cérémonies de guérison lors de nombreux ateliers. J'ai été témoin du fait que ces rituels peuvent aider les gens à se libérer de leurs blocages psychiques. Vous pouvez créer votre propre cérémonie sacrée afin de vous ouvrir à votre clairvoyance. Par exemple, inscrivez une question pour les anges comme : « Qu'est-ce qui bloque ma clairvoyance ? » Puis, notez toutes les impressions que vous recevez. Allumez ensuite un feu dans la cheminée ou à l'extérieur, dans un cercle réservé au feu. Méditez un moment sur l'élimination du blocage que vous avez inscrit sur le papier. Lorsque vous vous sentez vraiment prêt à vous en libérer, jetez le papier au feu. Une fois que vous l'aurez fait, vous devriez ressentir un grand soulagement.

– Participer à une séance ou écouter un CD de régression dans une vie antérieure : À peu près la moitié des blocages psychiques que je constate chez mes auditeurs proviennent de blessures de leur vie antérieure liées à des dons psychiques. Comme je l'ai mentionné précédemment, il est tout à fait logique de passer par une régression dans une vie antérieure pour les éliminer. La plupart des hypnothérapeutes agréés ont reçu une formation pour offrir ce genre de séance. Votre seul devoir consiste à trouver un hypnothérapeute avec lequel vous vous sentez à l'aise, parce que votre confiance dans le thérapeute est la clé de votre capacité de lâcher prise et de permettre à vos souvenirs inconscients de faire surface. Vous pouvez aussi vous servir d'un enregistrement de régression dans une vie antérieure, notamment mon CD audio, intitulé *Passages dans nos vies antérieures avec les anges.*

– Faire des affirmations positives : Je suis étonnée par le nombre de métaphysiciens brillants et bien informés qui se plaignent de « ne pas être tellement visuels ». Quand je leur fais remarquer qu'ils font une affirmation négative, ils se rendent compte que ces mots bloquent leur clairvoyance. Ils commencent alors à utiliser des affirmations positives pour décrire ce qu'ils désirent plutôt que ce qu'ils craignent.

« Je suis très visuel » et « Je suis totalement clairvoyant » sont des exemples d'affirmation positive à se dire à soi-même, même si l'on ne croit pas encore que c'est vrai. Faites-moi confiance : la réalité dépasse toujours l'affirmation !

— Faire appel aux anges pour la clairvoyance : Il existe des anges spécialistes de chaque situation et le développement psychique ne fait pas exception. Les « anges de la clairvoyance » surveillent et régissent les chakras de votre troisième œil, et vous aident à développer votre vision spirituelle. Dites mentalement :

Anges de la clairvoyance, je fais maintenant appel à vous. Veuillez entourer mon troisième œil de votre énergie de guérison et de purification. Je vous demande votre aide pour maintenant ouvrir entièrement ma fenêtre de clairvoyance. Merci.

Vous sentirez probablement des fourmillements et des changements de pression atmosphérique dans votre tête, en particulier entre vos deux yeux physiques, au moment où les anges de la clairvoyance effectueront leur travail de guérison.

– **Améliorer votre mode de vie :** Il existe une importante corrélation entre la manière dont vous traitez votre corps et la netteté de votre clairvoyance. Vos visions sont toujours plus vives, plus précises et plus exactes lorsque vous adoptez constamment un mode de vie sain. De l'exercice, un repos approprié, des sorties régulières, une alimentation légère à base de végétaux ainsi que la suppression des toxines dans la nourriture et les boissons vous aident à purifier votre canal de communication divine.

Après avoir utilisé au moins un des procédés de guérison mentionnés précédemment, votre clairvoyance devrait être sensiblement plus vive et plus manifeste. Dans le chapitre suivant, nous rassemblerons toutes ces données et examinerons de quelle manière vous pouvez recevoir les messages des anges pour vous-même ou au nom d'une autre personne.

Chapitre Neuf

Recevoir des messages de vos anges

Mon objectif de vie ne consiste pas à offrir des séances de lecture angélique et des guérisons spirituelles à des clients, mais à enseigner aux *autres* comment effectuer ces interventions pour eux-mêmes et pour *leurs* clients. J'encourage toujours mes étudiants en *counseling* spirituel à enseigner aux *autres,* à créer une vague qui se propage et nous rend davantage conscients du fait que nous avons *tous* des anges, nous pouvons *tous* communiquer avec eux et nous possédons *tous* des dons spirituels que nous pouvons utiliser pour nous aider nous-mêmes et aider le monde.

Dans le présent chapitre, vous prendrez connaissance de quelques-unes des étapes précises que j'enseigne à mes étudiants en développement psychique, afin que vous aussi puissiez donner, à vous-même et aux autres, des séances de lecture angélique.

Comment offrir une séance de lecture angélique ?

Une lecture angélique est semblable à une lecture psychique, sauf que vous adressez les questions aux anges gardiens et aux guides spirituels, dans le but de guérir certains aspects de la vie ou d'obtenir des conseils sur la mission d'une personne dans la vie.

Il vaut mieux offrir une séance de lecture angélique à une personne que vous ne connaissez pas très bien, qui a l'esprit ouvert et qui ne porte pas de jugement. Un nouvel ami dans un groupe d'études spirituelles serait le partenaire idéal pour une lecture angélique. Bien sûr, vous pouvez aussi faire une lecture à un membre de la famille ou un vieil ami, mais votre ego va vous crier : « Ça, tu le savais déjà avant ! » Si vous pouvez ignorer les divagations de l'ego qui affirme : « Tu es simplement en train d'inventer cela », vous pouvez offrir une séance de lecture à n'importe qui, que vous connaissiez la personne ou non.

Commençons par une lecture angélique mutuelle que vous vous donnez simultanément, vous et une autre personne. Adressez tout d'abord une prière à l'entité avec laquelle vous êtes en résonance spirituelle et demandez-lui :

Aidez-moi à être un bon canal de communication divine. Permettez-moi d'entendre, de voir, de savoir et de ressentir clairement les messages précis et détaillés qui apporteront des bénédictions à mon partenaire et à moi-même. Veillez sur cette séance de lecture et aidez-moi à me détendre et à en profiter. Merci, et amen.

Ensuite, asseyez-vous en face de votre partenaire. Vous devez tous deux prendre un objet de métal sur vous (montre, bague, collier, boucle de ceinture, barrette, lunettes ou clés de voiture) et le tendre à votre vis-à-vis. Vous tiendrez l'objet de métal que vous avez reçu de votre partenaire dans la main avec laquelle vous n'écrivez généralement pas. C'est la main qui reçoit l'énergie, votre « main réceptive ».

Ensuite, prenez la main libre de votre partenaire avec la vôtre. Placez vos mains là où elles pourront se reposer confortablement pendant un moment, par exemple sur vos genoux ou ceux de votre partenaire. Maintenant, j'aimerais vous emmener tous les deux en vacances, d'accord ? Fermez les yeux, inspirez et expirez très profondément...

Imaginez mentalement que vous êtes tous les deux dans une magnifique pyramide pourpre qui vous a magiquement transporté sur une plage de sable blanc, à Hawaii. La pyramide pourpre atterrit avec un doux « ploc » sur le sable et s'ouvre, vous faisant une couverture naturelle pour tous les deux. C'est un jour parfait à Hawaii, et puisque la plage est isolée et accessible seulement par bateau ou par avion, vous et votre partenaire ne serez absolument pas dérangés.

Vous sentez la douce brise d'été qui souffle sur votre peau et dans vos cheveux. Vous respirez le délicieux air marin et entendez le déferlement mélodique des vagues sur le rivage. Vous sentez un chaud rayon de soleil qui danse sur le sommet de votre tête, comme s'il allait entrer et illuminer l'intérieur de votre esprit et de votre corps.

Au loin, vous apercevez un groupe de dauphins qui nagent et jouent dans l'océan. Vous vous mettez à l'écoute de ces créatures et vous sentez qu'elles vous envoient une immense vague d'énergie de l'amour divin. Alors que votre cœur se gonfle de chaleur et de gratitude envers ces êtres splendides et la journée parfaite que vous passez sur la plage, vous vous rendez compte que vous ne faites qu'« un » avec les dauphins. Cette impression va encore plus loin : vous n'êtes qu'« un » avec la vie de l'océan, y compris les tortues de mer et les poissons tropicaux colorés, et vous n'êtes qu'« un » également avec les vagues, le sable et le soleil.

Vous vous rendez compte que vous ne faites qu'un avec toute vie, y compris votre partenaire. Alors, vous affirmez mentalement à celui-ci : « Toi et moi ne sommes qu'un... toi et moi ne sommes qu'un... je suis toi... et tu es moi... toi et moi ne sommes qu'un. » Vous vous rendez compte que cette unité que vous partagez est réelle. Bien que vous puissiez sembler extérieurement différents, intérieurement, vous et votre partenaire partagez véritablement un esprit, une lumière, un amour. Mentalement, vous affirmez à votre partenaire : « Un amour... un amour... un amour ».

Cette connaissance vous procure un immense plaisir et vous comprenez alors que vous ne faites qu'« un » avec les anges. Pendant que vous examinez votre partenaire en fermant vos yeux physiques et en ouvrant tout grand votre vue spirituelle, imaginez que vous voyez ses anges. À quoi pourraient-ils ressembler ?

En voyez-vous qui ont l'air de petits chérubins ? Voyez-vous s'il s'agit d'anges de taille moyenne ou de grande taille ? Vous pourriez contempler ces êtres très précisément par les yeux de votre esprit ou les entrevoir brièvement. Vous pourriez encore simplement ressentir ou connaître leur présence.

En continuant à scruter l'espace entourant votre partenaire au moyen de votre vue spirituelle, vous pourriez également remarquer autour de lui des personnes qui ressemblent à des proches décédés. Les êtres qui se tiennent directement derrière lui sont généralement ses parents décédés. Voyez-vous un homme ou une femme juste derrière votre partenaire ? Le cas échéant, notez bien tous les signes particuliers, notamment quelque chose d'inhabituel, le vêtement, les lunettes, la coiffure, les poils du visage, la couleur des yeux ou ce qu'il ou elle tient dans ses mains.

Ensuite, observez l'espace autour de la tête et des épaules de votre partenaire. Voyez-vous des gens aux cheveux clairs ou gris qui semblent être décédés lorsqu'ils étaient âgés ? Quels autres traits caractéristiques remarquez-vous à leur sujet ? Y a-t-il quelqu'un qui a l'air d'être décédé à l'âge mûr ou bien qui serait décédé très jeune ? Soyez conscient des détails touchant les personnes qui vous apparaissent, sans vous soucier de savoir s'il s'agit bien d'elles ou si c'est votre imagination.

Voyez-vous des animaux autour de votre partenaire ? Des chiens, des chats ? Des animaux petits ou grands ? Qu'observez-vous à propos de leur fourrure ? Est-elle claire, foncée ou multicolore ? Longue, moyenne ou courte ?

Quand vous contemplez encore une fois l'espace entourant votre partenaire, remarquez les autres anges, les proches décédés ou les animaux qui sont peut-être présents. Si un ou plusieurs de ces êtres attirent particulièrement votre attention, mettez-vous à leur écoute en exprimant cette intention.

Même si vous ne voyez personne autour de votre partenaire, ou que vous n'êtes pas sûr de vous-même, vous pouvez tout de même recevoir des messages pertinents des guides et des anges de votre partenaire qui lui apporteront leurs bénédictions. Au moment où vous inspirez et expirez profondément, pensez que vous avez mentalement une conversation avec ces êtres.

Puis, demandez-leur mentalement : « Que voudriez-vous me faire savoir à propos de mon partenaire ? » Répétez la question en prenant note des impressions qui vous arrivent en réponse. Soyez conscient de chaque pensée, mot, image mentale ou sentiment qui vous parvient pendant que vous répétez la question. « Que voudriez-vous me faire savoir à propos de mon partenaire ? » N'essayez pas de forcer les choses. Croyez simplement que les réponses vont vous arriver et remarquez même les plus infimes pensées, sentiments, visions ou mots que vous percevez mentalement.

Ensuite, demandez mentalement aux guides et aux anges de votre partenaire : « Quel message voudriez-vous que je lui transmette ? » Encore une fois, faites attention à toutes les impressions qui vous parviennent sous forme de pensées, de sentiments, de visions ou de mots. Ne jugez ni ne méprisez ces impressions. Contemplez-les simplement avec détachement.

Puis, demandez mentalement aux guides et aux anges de votre partenaire : « Y a-t-il quelque chose que vous voudriez me dire ? » Assurez-vous de bien respirer pendant que vous prenez note de la réponse.

Enfin, interrogez mentalement ces guides et ces anges : « N'y a-t-il rien d'autre que vous voudriez que je dise à mon partenaire ? » Écoutez à nouveau la réponse à de nombreux niveaux.

La partie la plus importante dans une lecture angélique, c'est d'avoir le courage de transmettre à votre partenaire tous les messages que vous recevez, même si vous n'êtes pas sûr de l'information ou que vous vous inquiétez que cela puisse l'offenser (vous pouvez toujours prier pour être capable de transmettre des messages potentiellement déplaisants de façon diplomatique et chaleureuse). Alors que les messages des anges peuvent n'avoir aucun sens pour vous, ils seront probablement tout à fait compréhensibles pour votre partenaire. Passez ensuite quelques instants à échanger ce que vous avez vu, senti, entendu ou pensé pendant que vous vous faisiez mutuellement une lecture angélique.

Comment pratiquer l'écriture automatique de façon contrôlée et sécuritaire ?

Les messages des anges qui figurent dans mon livre intitulé *La thérapie par les anges* ont été reçus par l'intermédiaire du procédé d'« écriture automatique ». C'est une méthode qui vous permet de transmettre des messages détaillés de l'Au-delà. Parfois, les gens ont peur de l'écriture automatique, parce qu'ils ont entendu des histoires sur les esprits terrestres qui arrivent dans ces séances en prétendant être des anges ou des guides spirituels. Mais il existe des façons de vous protéger totalement contre ces intrusions, comme vous le lirez plus loin.

Vous pouvez diriger des séances d'écriture automatique avec pratiquement n'importe quel être du monde des esprits. C'est un moyen merveilleux d'entretenir et d'approfondir des relations avec des êtres chers disparus, de régler une affaire en suspens et de guérir un chagrin. Si votre cœur est blessé parce que vous avez perdu des proches, vous désirerez communiquer avec eux par l'écriture automatique.

Vous pouvez utiliser cette technique pour communiquer avec n'importe lequel de vos proches disparus, même s'ils sont morts avant la naissance, bébé ou tout petit. Vous pouvez même entrer en contact avec des personnes qui parlaient une autre langue, ou qui étaient muettes, ou avaient une déficience quelconque. Et vous pouvez également entrer en relation avec vos animaux de compagnie qui sont décédés. Cela est possible parce que nos esprits ne communiquent pas verbalement et qu'ils « traduisent » ensuite ces messages dans notre langue maternelle. Cependant, vous remarquerez probablement que les transmissions par l'écriture automatique comportent des mots qui ne font pas partie de votre vocabulaire habituel. Vous constaterez peut-être que votre écriture change et que vous pouvez tout à coup écrire des mots que vous ne connaissiez pas auparavant (et vice versa).

L'écriture automatique peut également vous aider dans votre cheminement spirituel. Par exemple, vous pouvez, par cette méthode, avoir des conversations avec Dieu, vos anges gardiens, les maîtres ascensionnés et les archanges. Vous pouvez demander à vos anges gardiens : « Quel est votre nom ? » ou d'autres choses. Vous pouvez aussi demander que les archanges et les maîtres ascensionnés vous aident à vous souvenir de votre objectif de vie et à y travailler.

Par ailleurs, vous pouvez utiliser l'écriture automatique pour vous mettre en contact avec un mentor spirituel. (Voir l'explication complète du programme de mentorat spirituel au chapitre six.)

Vous pouvez écrire votre message à la main ou le taper sur une machine à écrire ou un ordinateur. Si vous l'écrivez à la main, vous aurez besoin d'au moins quatre feuilles de papier de format standard, d'une surface d'écriture ferme et d'un outil fiable pour écrire. Ce serait une merveilleuse idée que de faire jouer de la musique douce en arrière-plan et de vous asseoir confortablement.

Commencez vos séances d'écriture automatique par une prière. Vous trouverez ci-après celle que j'utilise moi-même. Elle est basée sur mes croyances spirituelles personnelles ; c'est pourquoi vous voudrez peut-être la réécrire afin qu'elle corresponde à *vos* propres valeurs. Je ne dirai jamais de prier quelqu'un en particulier, mais je propose cette prière à titre d'exemple pour demander efficacement de l'aide.

Dieu, Saint-Esprit, Jésus, archange Michael,
tous mes guides et tous mes anges, je vous
demande de veiller sur ma séance d'écriture
automatique et de faire en sorte que quiconque
y participe soit un être positif et aimant.

Veuillez renforcer ma capacité d'entendre, de voir, de penser et de sentir clairement votre communication divine. Aidez-moi à recevoir correctement ces messages et à transmettre ceux qui sont porteurs de bénédictions pour moi et pour quiconque les lira. Merci, et amen.

Ensuite, pensez à celui avec lequel vous souhaitez vous mettre en communication au Ciel. Demandez mentalement à cet être d'avoir une conversation avec vous. Vous allez lui poser une question et écrire sous forme de question réponse, comme dans une entrevue, la réponse que vous recevrez. Le plus important, c'est de vous rappeler d'être véritablement authentique en pratiquant l'écriture automatique. Enregistrez les impressions que vous avez, même si vous n'êtes pas sûr de savoir si c'est votre imagination ou non. Si vous n'avez aucune impression, inscrivez-le aussi. Vous commencez à noter tout ce qui se passe, cela finira par changer et deviendra une communication spirituelle authentique.

Pendant la séance d'écriture automatique, il se peut que vous ayez l'impression que quelqu'un d'autre dirige votre stylo ou votre crayon. Comme je l'ai mentionné précédemment, il est probable que votre style d'écriture, de vocabulaire et d'orthographe, change durant la séance. Ne laissez pas ces modifications vous effrayer, puisque la peur risque de bloquer la communication divine. N'oubliez pas que Dieu et l'archange Michaël (qui est l'« ange filtreur » et ne laisse personne vous approcher sans intentions d'amour) assurent votre sécurité et vous protègent. Votre main peut aussi commencer à griffonner de petits cercles, ce qui est la façon de saluer du monde spirituel et de vous dire : « Nous sommes tellement heureux d'entrer en contact avec vous ! » Si le griffonnage se poursuit trop longtemps, dites-leur que vous aussi vous êtes heureux de communiquer avec eux, mais qu'ils doivent modifier la communication de sorte que vous puissiez les comprendre.

Votre ego s'en donnera probablement à cœur joie pendant votre séance d'écriture automatique. Il vous criera : « Tu es juste en train d'inventer ! » Si cela se produit, placez la charge de la preuve que vous recevez des communications authentiques sur l'être avec lequel vous conversez. Demandez-lui : « Comment puis-je savoir que je ne suis pas en train de vous inventer ? » La réponse vous convaincra probablement de l'authenticité de votre conversation divine. Si toutefois vous n'en êtes pas encore convaincu, continuez à demander jusqu'à ce que vous receviez un message qui calme votre ego. Ou demandez à votre interlocuteur de vous donner un signe physique et puis cessez d'écrire. Lorsque vous aurez reçu ce signe, vous vous sentirez plus confiant pendant votre prochaine séance.

Maintenant, commencez à penser à une demande pour laquelle vous aimeriez sincèrement recevoir une réponse. Posez mentalement cette question à l'être spirituel. Puis, inscrivez-la au haut de la page pendant que vous la répétez mentalement. Soyez optimiste, gardez en tête la pensée positive que vous recevrez une réponse.

Enregistrez toutes les impressions qui vous arrivent par l'intermédiaire des quatre canaux de la communication divine : les pensées, les sentiments, les mots ou les visions. Puis, posez une autre question et recevez une autre réponse... et ainsi de suite.

Quand vous avez fini de communiquer par l'écriture avec un être, vous pouvez entrer en conversation avec un autre. Lorsque vous avez terminé vos communications, assurez-vous de remercier tous les êtres concernés. Les anges disent qu'ils aiment nous donner des messages, et cette action en soi les récompense parce qu'elle accomplit la volonté de Dieu. Néanmoins, lorsque nous remercions nos anges, notre cœur se remplit de gratitude. Et ce sentiment d'appréciation chaleureux est le « Je vous aime » que nous échangeons avec nos gardiens célestes comme le mot de la fin d'une lettre d'amour venant du Ciel.

POSTFACE

LAISSEZ LE CIEL VOUS AIDER

Chacun peut recevoir des messages de ses anges. En fait, nous en recevons tous... *en ce moment même*. Si nous ne comprenons pas ces messages, nous pouvons demander de l'aide à nos anges, et utiliser certaines des méthodes exposées dans le présent ouvrage.

Lorsque nous demandons des conseils ou des réponses à nos anges, nous ne les dérangeons pas. Ils veulent nous aider dans tous les aspects de notre vie parce qu'ils espèrent apporter la paix à notre planète, en touchant une personne à la fois.

Si vous croyez que vous ressentirez plus de paix en recevant une aide financière, en investissant dans une grande histoire d'amour ou en obtenant un meilleur emploi, alors les anges vous aideront dans le cadre de leur mission sacrée. Aucune demande n'est trop triviale ou trop considérable pour eux. Vous ne les détournez pas d'une tâche plus importante lorsque vous leur demandez de l'aide. Après tout, le nombre d'anges prêts à aider est bien plus élevé que le nombre de personnes qui leur présentent cette demande. Il y a des milliards d'anges qui sont « non occupés » et s'ennuient, et qui aimeraient vous aider à vous forger une vie plus riche de sens et plus fructueuse.

Sachez que vous méritez l'amour, l'attention et les miraculeuses bénédictions de Dieu et des anges. En effet, Dieu et les anges vous aiment inconditionnellement, peu importe les erreurs que vous avez pu commettre au cours de votre vie. Vous êtes aussi important que n'importe qui d'autre ayant vécu sur cette terre. Si cela vous aide, souvenez-vous que le Créateur nous a tous créés aussi merveilleux les uns que les autres. Vous rabaisser vous-même équivaut en réalité à rabaisser Dieu.

L'ego essaie de nous convaincre que nous ne méritons pas l'aide ou l'attention du Ciel, parce que nous sommes mauvais ou indignes. C'est l'ego qui tente de nous empêcher de nous souvenir de notre identité et de notre pouvoir spirituels authentiques.

N'écoutez pas cette voix, car elle pourrait vous retarder dans l'atteinte de votre objectif de vie. Et nous avons tous besoin des fruits de votre mission sur cette planète.

Laissez-vous être réceptif aux messages de vos anges. Ils ne vous diront rien que vous ne puissiez faire. Ils n'essaieront pas non plus de contrôler votre vie. Leurs messages vous aideront toujours à vous sentir en sécurité et plus heureux et ils donneront plus de sens à chaque aspect de votre vie.

Vous pouvez appeler d'autres anges à vos côtés (ou aux côtés de vos proches) simplement en pensant que vous aimeriez être en contact avec davantage d'anges. Vous pouvez adresser cette demande directement à Dieu ou aux anges. Le résultat est le même, puisque les anges sont des « représentants » de l'Être suprême. Ce sont littéralement des formes de pensées de l'amour divin. Demandez-en autant que vous en voulez pour vous-même ou pour quelqu'un d'autre.

Le royaume des anges est plein d'êtres célestes spécialisés dans chaque domaine de la condition humaine. Vous pouvez demandez aux anges de vous aider à trouver une nouvelle maison, à découvrir une âme sœur ou à guérir votre corps. Certains anges peuvent vous aider en ce qui concerne votre rôle de parent, l'école ou votre motivation à faire de l'exercice. Ces assistants divins veulent vous assister et vous donner des messages, si vous les y autorisez. Et plus vous permettrez au Ciel de vous aider, plus vous aurez de ressources à apporter au monde.

Lorsque vous prenez l'habitude de faire participer vos anges à chaque aspect de votre vie, vous fonctionnez comme le membre d'une équipe sportive victorieuse. Vous ne donnez pas aux anges l'entière responsabilité de votre vie, vous ne faites que recevoir et lancer la balle à vos coéquipiers dans le Ciel. Lorsque vous le faites continuellement, la vie devient beaucoup plus simple et plus paisible.

La souffrance stimule la croissance spirituelle, mais le contentement fait bien plus. Vous apprenez à travers la paix, et plus important encore, vous pouvez mieux enseigner à vos enfants et aux autres lorsque vous êtes dans un état de relaxation joyeuse. Vous n'avez pas besoin de souffrir pour grandir ! Dieu ne veut certainement pas que vous éprouviez de la douleur, pas plus que vous ne le souhaitez pour vos propres enfants.

N'oubliez pas que vos anges vous aiment et qu'ils veulent vous aider dans tous les domaines qui vous amèneront la paix. Présentez-leur simplement vos demandes, puis suivez les conseils divins qu'ils vous donnent en réponse à vos questions. Quant vous parlerez avec vos anges et les écouterez, vous constaterez que chaque élément de votre vie grandit de façon extraordinaire.

En vous mettant à l'écoute des messages de vos anges, vous *pouvez* contribuer à créer un monde de paix... en touchant une personne à la fois... en commençant par *vous !*

NOTES DE RÉFÉRENCE

Chapitre Quatre

1. West, D. J. (1960). « Visionary and Hallucinatory Experiences : A Comparative Appraisal. » *International Journal of Parapsychology,* vol. 2, nº 1, p. 89–100.

2. Stevenson, I. (1983). « Do We Need a New Word to Supplement "Hallucination" ? » *The American Journal of Psychiatry,* vol. 140, nº 12, p. 1609–1611.

3. Osis, K. et Haraldsson, E. (1997). *At the Hour of Death.* 3e édition (Norwalk, CT : Hastings House).

Chapitre Huit

1. Stevenson, I. (1992). « A Series of Possibly Paranormal Recurrent Dreams. » *Journal of Scientific Exploration,* vol. 6, nº 3, p. 282–289.

À PROPOS DE L'AUTEURE

Doreen Virtue, titulaire d'un doctorat en psychologie et clairvoyante, travaille avec le royaume des anges et celui des élémentaux. Elle délivre leurs messages d'orientation et d'inspiration par l'intermédiaire de ses écrits et de ses ateliers. Son œuvre comprend le livre *Oracles des anges : guidance au quotidien* et les cartes divinatoires. Souvent, Doreen est l'invitée de débats dans les télévisions et les radios internationales, elle a participé à diverses émissions, dont *Oprah, The View, Good Morning America, Richard and Judy, Kerry Anne,* sur CNN notamment, et autres. Son œuvre a été citée en première page de journaux et magazines internationaux.

Anciennement psychothérapeute, titulaire d'un Ph.D., d'une maîtrise et d'un baccalauréat en psychologie du counseling, Doreen, clairvoyante depuis sa naissance, est complètement sortie du « placard spirituel » et a commencé à offrir publiquement un enseignement sur les anges, après avoir frôlé la mort en 1995. Elle donne des ateliers aux quatre coins du monde, y compris des cours menant au certificat de Praticien en thérapie par les anges (*Angel Therapy Practitioner®*). Pour obtenir des renseignements sur le calendrier des ateliers de Doreen, vous pouvez visiter son site Internet à l'adresse suivante : **www.AngelTherapy.com**.

Vous pouvez écouter l'émission de Doreen en direct chaque semaine à la radio, et faire appel à elle pour une lecture, en visitant le site

HayHouseRadio.com®.

DE LA MÊME AUTEURE :

Livres

Anges 101 – Initiation au monde des anges
Archanges et maîtres ascensionnés
La thérapie par les anges
Les anges de Salomon
Les enfants cristal
Mon ange gardien
Paroles de réconfort de vos anges
Oracles des anges, guidance au quotidien

Cartes et jeux

Cartes divinatoires des archanges
Cartes divinatoires des maîtres ascensionnés

Achevé d'imprimer en janvier 2013
sur les presses de la Nouvelle Imprimerie Laballery
58500 Clamecy
Dépôt légal : janvier 2013
Numéro d'impression : 301041

Imprimé en France

La Nouvelle Imprimerie Laballery est titulaire de la marque Imprim'Vert®